Patricia Kyomugisha

Antiguidade e atualidade das perguntas de escolha múltipla

Patricia Kyomugisha

Antiguidade e atualidade das perguntas de escolha múltipla

ScienciaScripts

Cover image: www.ingimage.com

This book is a translation from the original published under ISBN 978-620-2-07454-4.

Publisher:
Sciencia Scripts
is a trademark of
Dodo Books Indian Ocean Ltd. and OmniScriptum S.R.L publishing group

120 High Road, East Finchley, London, N2 9ED, United Kingdom
Str. Armeneasca 28/1, office 1, Chisinau MD-2012, Republic of Moldova, Europe
Printed at: see last page
ISBN: 978-620-7-89282-2

Conteúdo

Dedicação 2

Agradecimentos 3

Resumo 4

Capítulo 1: Introdução 5

Capítulo 2: Revisão da literatura 8

Capítulo 3: Metodologia 25

Capítulo 4: Resultados, análise e discussão 38

Capítulo 5: Conclusões e recomendações 45

Referências 47

Dedicação

Para os meus pais e irmãos

Agradecimentos

Agradeço a Deus a dádiva da vida e da boa saúde.

Um grande OBRIGADO ao meu supervisor, Dr. Nabaasa Evarist, agradeço-lhe a sua orientação, motivação e encorajamento que me permitiram atingir os objectivos deste estudo

Um grande OBRIGADO ao patrocínio do MUST ADB pelo apoio financeiro que me deu para acrescentar valor à minha carreira e desenvolvimento profissional.

De uma forma especial, agradeço aos meus pais, irmãos e irmãs por todo o apoio que me deram durante o meu estudo.

Agradeço também aos meus colegas e amigos pelos conselhos e pelo encorajamento contínuo ao longo do meu estudo.

Resumo

Neste estudo, foi concebido um modelo que verifica a antiguidade e a novidade de perguntas de escolha múltipla em ferramentas de aprendizagem eletrónica. Neste estudo, a antiguidade refere-se ao tempo que a pergunta permanece na base de dados com ou sem alterações e a novidade significa a taxa de alteração/alteração da pergunta na base de dados. Com o passar do tempo, várias ferramentas de aprendizagem eletrónica acumularam um grande número de perguntas de escolha múltipla, algumas das quais foram actualizadas e outras desactualizadas devido a inovações no meio académico e tecnológico. Ano após ano, estas perguntas são frequentemente referidas e utilizadas para examinar os alunos. O principal objetivo deste estudo foi conceber um modelo para verificar a antiguidade e a atualidade de perguntas de escolha múltipla em ferramentas de aprendizagem eletrónica. O modelo concebido colabora com as ferramentas de aprendizagem eletrónica e é capaz de determinar a antiguidade e a novidade com base num conjunto de parâmetros identificados no primeiro objetivo, que incluem, entre outros, a monitorização da mudança de palavras na pergunta, a substituição de toda a pergunta antes da alteração do currículo, a não alteração da pergunta, a adição de perguntas à base de dados antes da alteração do currículo, a monitorização do tempo passado na base de dados por uma dada pergunta com ou sem alteração. Foi concebido um algoritmo para orientar a determinação da antiguidade e da novidade. Utilizando programação Java, foi desenvolvido um artefacto que calcula e determina a Antiguidade e a Novidade para apoiar o modelo. O modelo ajuda os alunos a rever e a melhorar o seu raciocínio e a compreender melhor os conteúdos, o que contribui para a aprovação nos exames e incentiva os tutores a atualizar continuamente as perguntas nas bases de dados

Capítulo 1: Introdução

1.1 Introdução

O presente capítulo abordou as seguintes secções: antecedentes, enunciado do problema, objectivos, âmbito e justificação.

1.2 Antecedentes

As instituições que oferecem e-learning estão, na sua maioria, a adotar perguntas de escolha múltipla como uma forma rápida e eficiente de avaliar os alunos [1].

De acordo com [1], uma ferramenta de e-learning/sistema de gestão de cursos (CMS) é um sistema baseado na Web com uma base de dados. Um CMS ajuda os professores a obter recursos na Web para os alunos e a facilitar a gestão das actividades do curso. Alguns dos sistemas comuns de aprendizagem eletrónica disponíveis incluem ATutor, Claroline, Dokeos, Ilias, Moodle e Sakai [5]. Estes sistemas garantem a acessibilidade dos recursos do curso aos estudantes, a comunicação atempada entre professores e formandos e reduzem a utilização de papel.

As perguntas de escolha múltipla consistem em perguntas factuais que exigem respostas extremamente curtas, que podem ser pontuadas de forma rápida e inequívoca por qualquer pessoa que disponha de uma chave de respostas, minimizando assim os juízos subjectivos tanto da pessoa que faz o teste como da pessoa que o pontua. Os testes de escolha múltipla podem ser classificados como número certo (NR) ou marcação negativa [19]. As perguntas de escolha múltipla são uma forma de avaliação em que se pede aos inquiridos que seleccionem a melhor resposta possível (ou respostas) de entre as opções de uma lista [1].

No rescaldo do século XX, verificou-se uma mudança de paradigma na aprendizagem nas instituições de ensino superior, no sentido de uma aprendizagem centrada no estudante [13]. De acordo com os investigadores do artigo [13], a aprendizagem eletrónica foi descrita como a utilização da tecnologia para apoiar e melhorar a prática da aprendizagem. Consequentemente, a adoção de tecnologias de aprendizagem eletrónica teve um impacto na conceção, gestão e administração do processo de aprendizagem e na entrega de conteúdos de aprendizagem aos estudantes, promovendo assim a aprendizagem eletrónica mista.

Existem várias formas de examinar os alunos, incluindo perguntas de escolha múltipla que apresentam uma pergunta ou afirmação principal, acompanhada por uma série de respostas alternativas. Apenas uma alternativa está correcta, caso contrário é considerada uma pergunta de resposta múltipla, e as restantes alternativas são conhecidas como "distracções". As perguntas de escolha múltipla podem avaliar os conhecimentos do aprendente quando têm a forma de perguntas sobre o quê, onde, quando e quem.

A avaliação em linha avalia o desempenho nas actividades de ensino e aprendizagem em função dos objectivos de aprendizagem e define o que deve ser aprendido. As tarefas de avaliação são um fator importante que influencia a aprendizagem dos alunos, pelo que os objectivos de aprendizagem, o conteúdo, a pedagogia e as tarefas de avaliação devem estar alinhados [18].

De acordo com o estudo [18], a escolha múltipla é o método mais popular de avaliação dos aprendentes que utilizam a aprendizagem eletrónica, em vez de terem 50/50 de hipóteses de escolher a resposta certa, como é o caso das perguntas de verdadeiro ou falso. A escolha múltipla envolve um leque diversificado de variáveis que exigem perspicácia, conhecimentos e competências para responder corretamente.

Várias bases de dados em linha acumularam uma grande quantidade de perguntas de escolha múltipla e objectivas, algumas das quais estão desactualizadas devido a novas inovações, sendo colocadas perguntas semelhantes aos alunos que incentivam a acumulação de perguntas e respostas sem compreenderem o conteúdo. Por conseguinte, como forma de garantir a qualidade do ensino em linha, é necessário controlar a antiguidade e a atualidade das perguntas de escolha múltipla nas ferramentas de aprendizagem eletrónica.

1.3 Declaração do problema

Com o passar do tempo, várias ferramentas de aprendizagem eletrónica acumulam um grande número de perguntas de escolha múltipla, algumas das quais são actualizadas e outras desactualizadas, tendo em conta as inovações que vão surgindo no campo académico e os avanços tecnológicos. Ano após ano, estas perguntas são referidas e utilizadas para examinar os formandos. Mais frequentemente, estas perguntas são recicladas das bases de dados destas ferramentas de aprendizagem eletrónica sem serem modificadas. Este facto leva os aprendentes a juntarem perguntas e respostas sem compreenderem o conteúdo, o que, por sua vez, prejudica a qualidade do sistema educativo.

1.4 Objetivo

O objetivo do estudo foi conceber um modelo para verificar a antiguidade e a novidade de perguntas de escolha múltipla em ferramentas de aprendizagem eletrónica

1.4.1 Objectivos

O estudo foi orientado pelos seguintes objectivos:

(1) Investigar as bases de dados de escolha múltipla existentes, a fim de identificar os requisitos do modelo proposto.

(2) Conceber um modelo que verifique a antiguidade e a novidade de perguntas de escolha múltipla em

ferramentas de aprendizagem eletrónica.

(3) Avaliar o modelo concebido em perguntas de uma determinada base de dados.

1.5 Âmbito de aplicação

O estudo investigou as bases de dados de escolha múltipla existentes para identificar os requisitos para o modelo proposto, concebeu um modelo que verifica a antiguidade e a novidade das perguntas de escolha múltipla em ferramentas de aprendizagem eletrónica e avaliou o modelo concebido em perguntas de uma determinada base de dados. O estudo foi realizado na Universidade de Ciência e Tecnologia de Mbarara, no laboratório de informática, entre maio de 2015 e novembro de 2016.

1.6 Justificação

O estudo centrou-se na conceção de um modelo que verifica a antiguidade e a novidade de perguntas de escolha múltipla em ferramentas de aprendizagem eletrónica. Os benefícios do estudo são os seguintes:

(1) O modelo fornece orientações às instituições de ensino em linha que pretendem melhorar a educação dos seus alunos, bem como incentivar os tutores a melhorar continuamente a definição de novas questões.

(2) O modelo acrescenta conhecimento à riqueza de conhecimentos disponíveis e actuará como um ponto de referência no domínio relacionado

(3) O modelo ajudará os alunos a rever e a melhorar o seu raciocínio e a compreender melhor os conteúdos, o que contribui para a aprovação nos exames.

(4) O sector empresarial (técnicos) pode desenvolver melhores sistemas de aprendizagem eletrónica.

Capítulo 2: Revisão da literatura

2.1 Introdução

Este capítulo analisa a literatura existente sobre perguntas de escolha múltipla em ferramentas de aprendizagem eletrónica. As secções incluem: e-learning, avaliação em linha, perguntas de escolha múltipla, descoberta de conhecimentos em bases de dados, gestão da mudança, verificação da incidência de falhas utilizando o histórico de mudanças de software, um modelo para verificar o fluxo de aprendizagem e os resultados no e-learning empresarial, um sistema de "banco de perguntas" baseado na Web para melhorar o ensino em e-learning, um sistema de e-learning que utiliza uma arquitetura orientada para os serviços (SOA), um banco de perguntas inteligente e um sistema de exame, e uma base de dados de perguntas de escolha múltipla.

2.2 Aprendizagem eletrónica

De acordo com [4], a aprendizagem eletrónica é um dos domínios de atividade cruciais que beneficiaram do desenvolvimento tecnológico exponencial. As razões para o interesse crescente na educação virtual resumem-se à consecução de um ou mais de três objectivos básicos: um, aumentar o acesso às oportunidades de aprendizagem, reforçando a flexibilidade dos modos de prestação ou eliminando as barreiras geográficas à participação; dois, melhorar a qualidade da experiência de aprendizagem em termos de conteúdo ou pedagogia; e três, aumentar a eficiência institucional, reduzindo os custos, aumentando a produtividade ou aumentando a quota de mercado [4].

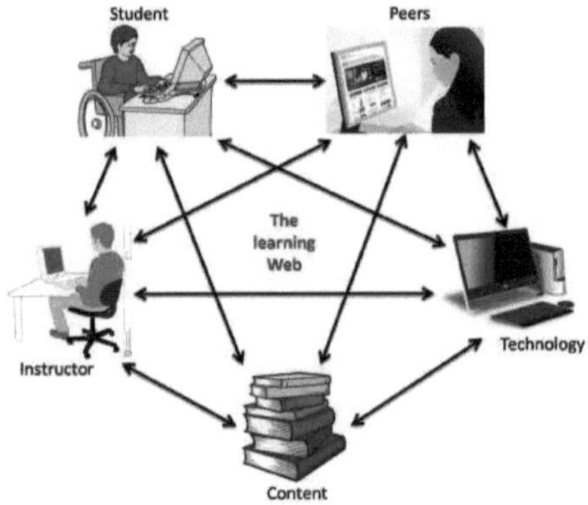

Figura 2.1: Ilustração de uma teia de aprendizagem [4]

2.2.1 Moodle

Os mini-testes Moodle são constituídos por uma atividade de mini-teste que contém uma ou mais perguntas do banco de perguntas da disciplina. A atividade Teste permite administrar um vasto leque de perguntas com uma disposição e ordem específicas, fornecer diferentes tipos de feedback com base no desempenho do aluno no teste e controlar a forma como os alunos podem aceder ao teste. O banco de perguntas serve como um repositório organizado de todas as perguntas de um curso [25]. O banco de perguntas do Moodle permite criar, pré-visualizar e organizar as perguntas em categorias antes de as utilizar numa atividade de Quiz. É possível criar novas perguntas a partir do zero ou copiar um banco de perguntas de outro curso Moodle (por exemplo, um que tenha leccionado num semestre anterior) [25].

2.2.2 ATutor

O ATutor LMS é um sistema de gestão da aprendizagem (LMS) gratuito e de código aberto, utilizado para desenvolver cursos em linha e criar conteúdos de e-learning [2].

"Os instrutores podem criar testes com escolha múltipla, resposta múltipla, verdadeiro/falso, Likert, ordenação, correspondência, arrastar e largar e vários tipos de perguntas abertas. Pode ser definida uma janela de lançamento de teste para disponibilizar um teste durante um determinado período, o feedback pode ser personalizado e os resultados do teste podem ser arquivados. Podem ser criados testes de autoavaliação para fornecer aos alunos um feedback instantâneo. Seleccione a partir de um conjunto de perguntas para gerar questionários com perguntas aleatórias. Atribua testes a grupos de alunos. Adicione perguntas a um banco de perguntas e, em seguida, seleccione perguntas do mesmo para montar um teste ou um questionário. Crie itens de teste baseados em imagens e organize-os horizontal ou verticalmente. As perguntas podem ser organizadas por qualquer ordem ou apresentadas por ordem aleatória." [2].

2.2.3 Claroline

O Claroline LMS permite que o administrador crie exercícios com uma lista de perguntas, elaborando diferentes tipos de perguntas e acompanhando os resultados dos utilizadores. O administrador também pode definir um exame com tempo máximo e tentativas permitidas para os seus alunos [3].

2.3 Avaliação em linha

De acordo com o artigo publicado pelos autores em [11], a avaliação em linha é um método de utilização de computadores para a realização e análise de testes ou exames e estes sistemas existem desde os anos setenta. No entanto, em muitos aspectos, a Internet proporciona uma nova forma de fornecer material de avaliação. Isto deve-se ao facto de ser independente do tempo e do lugar. A avaliação pode ser essencialmente dividida em dois tipos: em primeiro lugar, a avaliação formativa no final de um período de estudo, em que os resultados são utilizados para determinar o resultado do exame. Em segundo lugar, a avaliação sumativa, que é uma avaliação que pode ser administrada durante a apresentação de um curso como forma de verificar a aprendizagem dos alunos. Além disso, os alunos podem também avaliar-se periodicamente para verificar os seus progressos. Por exemplo, as perguntas podem incluir perguntas curtas do tipo ensaio, perguntas do tipo verdadeiro ou falso, ou perguntas de escolha múltipla.

Existem muitas vantagens potenciais da avaliação em linha para os alunos. Por exemplo, os testes estão disponíveis a pedido e em qualquer altura. Além disso, os sistemas de avaliação informatizados dão feedback imediato ao utilizador, pelo que este aprende ao fazer o teste. No entanto, os sistemas de avaliação em linha também têm um inconveniente, na medida em que os alunos que se consideram com poucas competências informáticas podem ficar em desvantagem. Por conseguinte, é pertinente estudar as diferenças individuais nas atitudes em relação à aprendizagem através do computador. Além disso, foram encontradas diferenças individuais na abordagem de diferentes tipos de perguntas entre indivíduos com diferentes estilos cognitivos [11] e, por conseguinte, é possível que isso possa ter um impacto no sucesso com que se envolvem na avaliação em linha.

Atualmente, os computadores e a tecnologia eletrónica oferecem inúmeras formas de enriquecer a avaliação educativa, tanto na sala de aula como em situações de teste em grande escala. Com visuais dinâmicos, os investigadores em [23] observaram que o som e a interatividade do utilizador, bem como a adaptabilidade a cada um dos participantes no teste e a comunicação de resultados quase em tempo real, a avaliação baseada em computador expande enormemente as possibilidades de teste para além das limitações dos tradicionais testes de papel e lápis.

Os investigadores em [23] observaram que uma limitação potencial para a concretização dos benefícios da avaliação baseada em computador reside na conceção de perguntas e tarefas com as quais os computadores podem interagir eficazmente, incluindo a pontuação e o relatório de pontuação, ao mesmo tempo que recolhem provas de medição significativas. O tipo de pergunta que domina atualmente os testes em larga escala baseados em computador e muitas avaliações de e-learning é a pergunta padrão de escolha múltipla, que geralmente inclui uma pergunta seguida de um pequeno conjunto de respostas das quais se espera que os alunos seleccionem a melhor opção. Este tipo de tarefa pode ser facilmente digitalizado por uma variedade de meios electrónicos e oferece algumas características atractivas como formato de avaliação. As perguntas, tarefas, actividades e outros métodos de obtenção de respostas dos alunos são frequentemente designados por itens no processo de avaliação. Na plataforma informática, defendemos que quase todo o tipo de interação com um utilizador pode ser considerado um item de avaliação.

No seu artigo [22] argumentam que a avaliação da aprendizagem assume geralmente a forma de perguntas de escolha múltipla ou de outras avaliações que podem ser facilmente pontuadas por um computador, tais como arrastar e largar, botão radial, simulação ou outros meios interactivos. Observa também que as avaliações são facilmente classificadas e registadas através de software em linha, fornecendo feedback imediato ao utilizador final e o estado de conclusão. Os utilizadores podem frequentemente imprimir os registos de conclusão sob a forma de certificados.

2.3.1 Abordagens à avaliação em linha

As abordagens de avaliação podem combinar medidas quantitativas e qualitativas de desempenho [20]. Os tipos qualitativos de avaliação podem assumir a forma de itens de escolha múltipla, testes de quiz em linha e testes objectivos de competências e conhecimentos específicos. Nestes testes, existe normalmente uma "resposta correcta" predefinida e a classificação dos resultados pode ser feita automaticamente. Muitas vezes, os testes objectivos que utilizam medidas quantitativas de desempenho são sumativos e administrados de forma a fornecer um perfil do desempenho do aluno [20].

O quadro 2.1 apresenta exemplos de avaliação em linha e por computador

Tipo	**Abordagem**	**Exemplo de competências avaliadas**
Tarefas do quadro de avisos	Formativo	Competências interpessoais, colaboração, análise e avaliação pelos pares, competências interpessoais
Revista eletrónica	Diagnóstico, formativo	Reflexão
Arrastar e largar itens	Sumário	Recordação e aplicação de conceitos
Mini-teste	Sumário	Síntese e aplicação de conceitos
Escolha múltipla	Formativa e sumativa	Depende do tipo de perguntas
Resposta múltipla	Formativa e sumativa	Compreensão, análise e síntese
Testes aleatórios de acesso livre	Formativo, diagnóstico e sumativo	Compreensão, análise, síntese, revisão de conceitos
Teste prático	Diagnóstico	Aprendizagem autónoma
Avaliação pelos pares	Formativo	sumativa e Colaboração, reflexão, metacognição
Pré-teste	Diagnóstico	Depende das perguntas
Carteira	Formativa e sumativa	Aprendizagem ao longo da vida, auto-direção, metacognição, gestão de projectos
Questionário	Formativa e sumativa	Um leque de competências cognitivas em função das questões colocadas
Banco de perguntas do teste final	Sumário	Um leque de competências cognitivas em função das questões colocadas
Teste de revisão	Formativo	Um leque de competências cognitivas em função

		das questões colocadas
Registo de reflexão	Formativo	Metacognição, autoavaliação, auto-monitorização
Autoavaliação	Formativo	Autoavaliação, auto-monitorização
Resposta curta	Formativo, sumativo	Aplicação e transferência de conhecimentos
Simulação e jogo de papéis	Formativo, sumativo	Pensamento de ordem superior

Quadro 2.1: Exemplos de avaliação em linha e por computador [20]

2.4 Perguntas de escolha múltipla

De acordo com os estudos efectuados em [17], as perguntas de escolha múltipla são frequentemente designadas por escolha fixa, resposta selecionada ou itens de escolha múltipla, porque nem sempre são perguntas e exigem que os alunos seleccionem uma das várias opções que lhes são apresentadas. As opções são fixas. Estes itens continuam a ser importantes porque podem ser avaliados rapidamente, fornecendo um feedback rápido aos alunos. Além disso, são eficientes quando se avalia um grande número de alunos em relação a um conteúdo alargado.

Uma desvantagem é que a construção de itens de escolha múltipla requer muito tempo para escrever, rever e revisar. Uma dica para poupar tempo é escrever alguns itens todos os dias enquanto se prepara para a aula ou depois da aula, para que o material esteja fresco na sua mente. Os itens reflectirão muito provavelmente o que enfatizou na aula, o que é mais justo para os alunos. Se construir os itens de forma a poderem ser facilmente baralhados, como em cartões de índice ou num software que permita cortar e colar facilmente, pode simplesmente baralhar os itens para construir questionários e testes mais tarde. Uma consideração importante na construção de itens de escolha múltipla é fazer com que eles meçam a aprendizagem e não as capacidades de fazer testes dos alunos "sábios" [17].

2.5 Descoberta de conhecimentos em bases de dados

Na sua opinião, os autores em [9], a Descoberta de Conhecimento em Bases de Dados como o processo global de descoberta de conhecimento útil a partir de dados, e a extração de dados refere-se a um passo particular neste processo. A extração de dados é a aplicação de algoritmos específicos para extrair padrões dos dados.

As etapas adicionais do processo de Descoberta de Conhecimentos em Bases de Dados, como a preparação dos dados, a seleção dos dados, a limpeza dos dados, a incorporação de conhecimentos prévios adequados e a interpretação correcta dos resultados da extração, são essenciais para garantir que se obtenham conhecimentos úteis a partir dos dados. A aplicação cega de métodos de extração de dados (corretamente criticada como dragagem de dados na literatura estatística) pode ser uma atividade perigosa, conduzindo facilmente à descoberta de padrões sem sentido e inválidos.

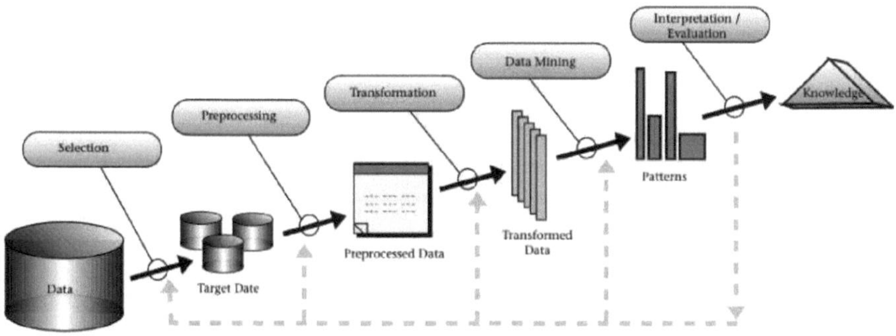

Figura 2.2: Descoberta de conhecimento em bases de dados [9]

2.6 Dados de gestão da mudança

Os dados relativos ao histórico de alterações do código, de acordo com [6], residem no sistema de gestão de versões, que regista as alterações ao nível da funcionalidade, do pedido de modificação inicial, do pedido de modificação e do delta. Dentro do sistema de gerenciamento de versões, a estrutura das mudanças é a seguinte na figura abaixo. Cada Pedido de Alteração Inicial tem um registo extenso que contém a prioridade, a data de abertura e de fecho, o ponto do processo de desenvolvimento em que foi iniciado (requisitos, conceção, codificação, testes, operação no terreno) e uma série de outros campos (89 no total). Os dados de cada pedido de alteração incluem o pedido de alteração inicial de origem, as datas e os ficheiros afectados, e um resumo em inglês que descreve a alteração e as razões que a motivaram.

Não existe um formato explícito sobre como e que informações são introduzidas no resumo. Os dados de cada delta indicam o pedido de alteração principal e a data e hora em que a alteração foi submetida ao sistema de gestão de versões, bem como o número de linhas adicionadas, eliminadas e não modificadas por essa alteração. As perguntas a que os dados de alteração devem responder são: QUE ficheiros foram alterados e que linhas foram adicionadas e eliminadas? QUANTOS módulos, ficheiros e linhas foram afectados? QUEM fez a alteração? PORQUE é que a alteração foi efectuada - acrescentou uma nova funcionalidade ao código ou corrigiu uma falha? QUANDO foi efectuada a alteração? QUANTO TEMPO demorou a alteração, em termos de calendário? QUANTO ESFORÇO foi necessário para a alteração, em horas de desenvolvimento?

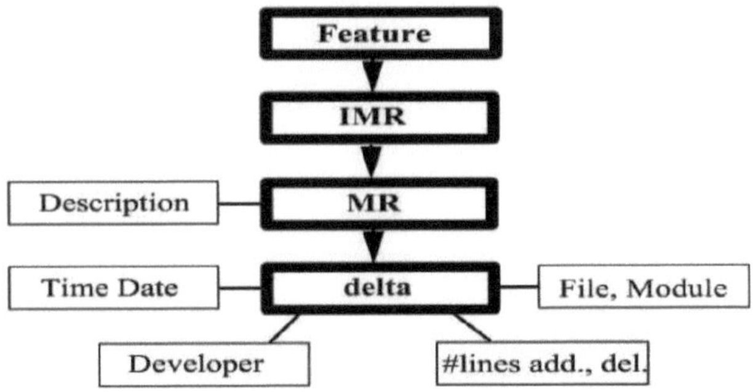

Figura 2.3: Alterações ao código (caixas a negrito) e campos de dados associados [6]

2.7 Verificação da incidência de falhas utilizando o histórico de alterações de software

Os investigadores em [12] tentam compreender os processos pelos quais o software envelhece. Definem o código como envelhecido ou deteriorado se a sua estrutura o tornar desnecessariamente difícil de compreender ou alterar e medem a extensão da deterioração contando o número de falhas no código num determinado período de tempo. Utilizando dados de gestão de alterações de um sistema de software muito grande e de longa duração, exploraram até que ponto as medições do historial de alterações são bem sucedidas na verificação da distribuição por módulos destas incidências de falhas. Em geral, as medidas de processo baseadas no historial de alterações são mais úteis para verificar as taxas de falhas do que as métricas de produto do código: Por exemplo, o número de vezes que o código foi alterado é uma melhor indicação do número de falhas que irá conter do que o seu comprimento.

O pesquisador também compara as taxas de falhas de códigos de várias idades, descobrindo que se um módulo é, em média, um ano mais velho que um módulo similar, o módulo mais velho terá aproximadamente um terço a menos de falhas. O seu modelo mais bem sucedido mede o potencial de falhas de um módulo como a soma das contribuições de todas as vezes que o módulo foi alterado, com as alterações grandes e recentes a receberem o maior peso.

2.8 Um Modelo para Verificar o Fluxo de Aprendizagem e Alcançar mento no e-Learning Empresarial

No seu estudo, os investigadores em [16] investigam os factores determinantes do fluxo de aprendizagem e dos resultados na formação em linha para empresas. Apesar do rápido crescimento do e-learning no sector da formação empresarial, este crescimento quantitativo nem sempre garantiu uma melhoria equivalente na qualidade da aprendizagem. Em especial, os formandos que participam na formação em linha num contexto empresarial têm provavelmente as suas próprias tarefas a realizar, o que dificulta a sua concentração na própria aprendizagem. Assim, o envolvimento cognitivo dos formandos tem atraído a atenção dos investigadores interessados na experiência dos formandos durante a aprendizagem em linha, bem como nos resultados da aprendizagem [15].

Mais especificamente, o fluxo de aprendizagem tem sido referido como uma construção relacionada com o empenho dos alunos, verificando os resultados da aprendizagem. Quando os formandos não experimentam o fluxo, podem apresentar um baixo envolvimento durante a aprendizagem ou, pior ainda, não conseguir concluir a aprendizagem eletrónica. Tendo em conta que o fluxo de aprendizagem é um indicador potencial do sucesso da aprendizagem em linha, é necessário aprofundar o debate sobre o fluxo de aprendizagem para alargar a nossa compreensão do fenómeno da aprendizagem eletrónica empresarial.

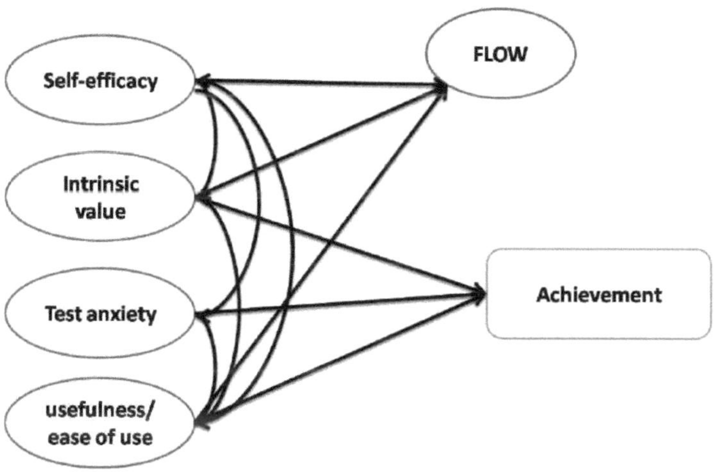

Figura 2.4: Estrutura modificada [15]

O modelo mostra os efeitos directos da auto-eficácia, do valor intrínseco, da ansiedade de teste, da utilidade percebida e da facilidade de utilização sobre o fluxo de aprendizagem e a realização no e-learning empresarial. Foram também examinados os efeitos indirectos da auto-eficácia, do valor intrínseco, da ansiedade de teste e da utilidade e facilidade de utilização percebidas na realização, mediados pelo fluxo de aprendizagem. O modelo mostra que a auto-eficácia, o valor intrínseco e a perceção de utilidade e facilidade de utilização afectaram o fluxo de aprendizagem, enquanto o valor intrínseco, a ansiedade de teste e a perceção de utilidade e facilidade de utilização foram factores de verificação significativos da realização [16]. A utilidade e a facilidade de utilização são os factores que mais influenciam o fluxo de aprendizagem e a realização. Por conseguinte, os instrutores e os criadores de instruções devem utilizar estratégias que aumentem a auto-eficácia e a motivação intrínseca dos alunos, a fim de facilitar o fluxo de aprendizagem.

Para melhorar o desempenho académico, proporcionando motivação interna aos alunos, as tarefas de aprendizagem devem ser concebidas de modo a serem relevantes e valiosas para os alunos. Acima de tudo, a conceção do ambiente de aprendizagem deve centrar-se nos alunos, de modo a que todas as características e funções do sistema em linha sejam úteis e fáceis de utilizar.

2.9 Sistema de "banco de perguntas" baseado na Web para melhorar a aprendizagem eletrónica

Nesta investigação, os investigadores [7] analisaram um sistema de "banco de questões" baseado na Web, que pode ser utilizado em qualquer curso escolar e pode poupar horas na preparação e correção de exames e questionários, bem como pode poupar recursos como fotocópias e distribuição de provas de exame, locais de realização dessas provas, professores e assistentes. O sistema proposto tem as seguintes funcionalidades e características:

2.9.1 Avaliação dos conhecimentos

Os alunos podem avaliar os seus níveis de compreensão e os professores podem acompanhar as actividades dos seus alunos e orientá-los para atingirem os objectivos pré-determinados dos cursos.

2.9.2 Geração de exames

Os professores podem armazenar muitos tipos de perguntas, como escolhas múltiplas, verdadeiro/falso e preenchimento de espaços em branco. O sistema utiliza um algoritmo inteligente para gerar uma folha de exame equilibrada, que contém diferentes tipos de perguntas, abrangendo todo o currículo e apresentando gradualmente o grau de facilidade e dificuldade.

2.9.3 Classificação dos exames

Os testes e exames podem ser classificados automaticamente pelo sistema. Assim, os alunos podem obter instantaneamente as suas classificações num determinado teste imediatamente após terem enviado as suas respostas e ver também as respostas corrigidas.

2.9.4 Comunicação

O sistema dispõe de uma ferramenta de comunicação que permite aos alunos e professores interagir e discutir as suas actividades.

2.9.5 Gestão de cursos

O sistema é altamente flexível e não requer quaisquer competências de programação dos seus potenciais utilizadores. Assim, os professores podem adicionar, apagar e atualizar os seus materiais didácticos em qualquer momento através da Web.

2.9.6 Perguntas-Banco de dados

O sistema permite que as escolas criem um banco de dados de perguntas que armazena os exames anteriores, as respostas modelo, as revisões e os exercícios úteis para cada curso.

2.9.7 Visão geral do sistema

A interface do sistema é inteiramente baseada na Web e não requer quaisquer competências técnicas por parte dos potenciais utilizadores. O sistema está dividido em três aplicações, designadas por aplicação do administrador, do professor e do aluno. Como mostra a Figura 2.5, o sistema é adequado para o ensino no campus, com acesso à Internet, ou fora do campus, utilizando a rede local.

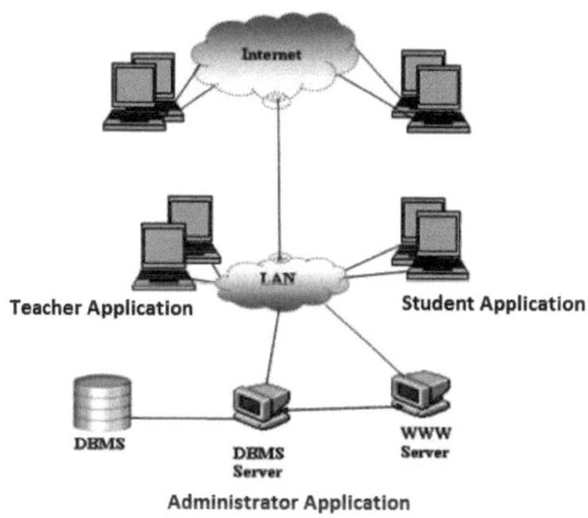

Figura 2.5: Visão geral do sistema [7]

A aplicação do administrador

Esta aplicação fornece ao administrador da escola ferramentas simples para gerir a informação do sistema Questions-Bank. Seguem-se algumas funcionalidades da aplicação do administrador:

(i) Ativar/Inativar o sistema

(ii) Importar e exportar a base de dados do banco de perguntas

(iii) Enviar imediatamente um e-mail automático com a nova palavra-passe sempre que o utilizador alterar a sua palavra-passe

(iv) Administrar as informações básicas do sistema, tais como: Dados dos níveis, dados das disciplinas ou cursos, dados das turmas, dados do professor e dados dos alunos

A candidatura do professor

Esta aplicação fornece aos professores várias ferramentas para construir os serviços do sistema. Seguem-se algumas das funcionalidades fornecidas pela aplicação para professores:

(i) Alterar a palavra-passe da conta

(ii) Gerir (adicionar, atualizar, apagar e visualizar) todos os serviços do sistema (revisões, perguntas de exame, questionários, exames anteriores e respostas modelo)

A candidatura dos estudantes

Esta aplicação fornece aos estudantes ferramentas interactivas para utilizar os serviços do sistema.

Seguem-se algumas funcionalidades oferecidas pela aplicação para estudantes:

(i) Alterar a palavra-passe da conta

(ii) Descarregar trabalhos, documentos de revisão, exames anteriores e outros ficheiros carregados pelos professores

(iii) Fazer testes, exames, trabalhos, tutoriais interactivos e revisões com base na Web

2.9.8 Conceção da base de dados

Os investigadores em [7] especificam que a base de dados Microsoft SQL Server foi o sistema de gestão de bases de dados utilizado para o sistema. A implementação da base de dados foi desenvolvida e modificada várias vezes para ser aplicável aos requisitos do sistema.

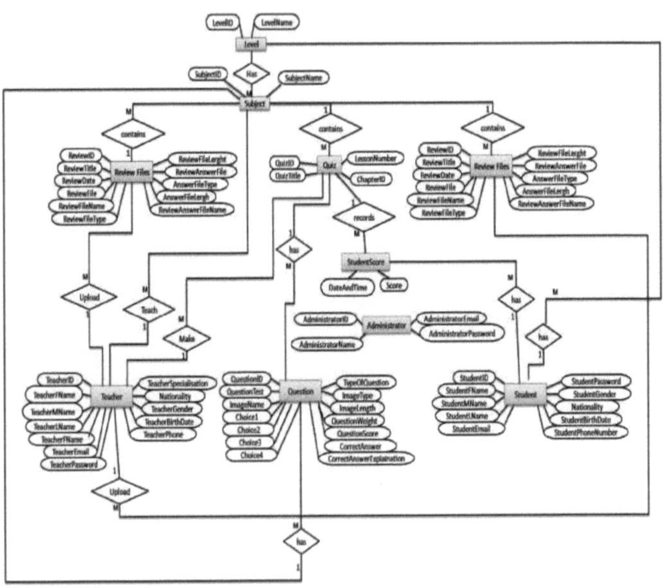

Figura 2.6: O Diagrama Entidade-Relacionamento (ERD) básico([7]

O Sistema de Gestão de Base de Dados armazena as disciplinas de cada nível escolar, as revisões, os exames anteriores, as perguntas dos exames, os testes, as notas dos alunos e a informação básica do administrador, do professor e do aluno. Escolheram o modelo entidade-relacionamento para representar o desenho da base de dados [8]. A figura acima mostra o diagrama entidade-relacionamento básico, que contém as principais tabelas utilizadas para criar a base de dados do Banco de Questões.

Conclusão

Os investigadores observaram que o administrador é responsável pela gestão do sistema de banco de perguntas, mas entre as suas responsabilidades não está estipulado qualquer tipo de monitorização da antiguidade e novidade das perguntas na base de dados. Por conseguinte, é necessário conceber um modelo para verificar a antiguidade e a atualidade das perguntas de escolha múltipla em ferramentas de aprendizagem eletrónica.

2.10 Sistema de e-Learning utilizando a arquitetura orientada para os serviços (SOA)

Os investigadores em [24] analisaram a implementação de um sistema de e-Learning utilizando uma arquitetura orientada para os serviços; serviço de início de sessão, serviço de perguntas, serviço de recortes, serviço de carregamento, serviço de remoção, serviço de exame, serviço de gestão de cursos, serviço de perguntas de exame. Em particular;

2.10.1 Serviço de perguntas de exame

Este serviço permite aos professores fornecer um grande conjunto de perguntas aos alunos. As duas operações associadas a este serviço são postQuestion e updateQuestion. O professor pode colocar qualquer pergunta de qualquer um dos temas especificados. As perguntas são do tipo escolha múltipla (MCQ) e cada pergunta é seguida de 4 opções. Apenas uma das opções está correcta. A resposta também é fornecida juntamente com a pergunta. O professor também pode atualizar a pergunta se os requisitos o exigirem. O aluno pode, em qualquer altura, ver todo o conjunto de perguntas fornecidas para qualquer disciplina disponível no sistema.

2.10.2 Serviço de perguntas

O serviço disponibiliza duas operações, nomeadamente submeterPergunta e responderPergunta. sub mitPergunta permite ao estudante colocar as suas questões sobre qualquer disciplina ou curso disponibilizado pelo nosso sistema de E-Learning. Cada pergunta colocada é associada à data de colocação da questão e ao nome do aluno que a coloca. Da mesma forma, a segunda operação, answerQuestion, permite que qualquer professor ou qualquer outro aluno registado no sistema responda à pergunta. A cada pergunta podem ser dadas várias respostas. As respostas estão também associadas à data da resposta e ao utilizador que a deu.

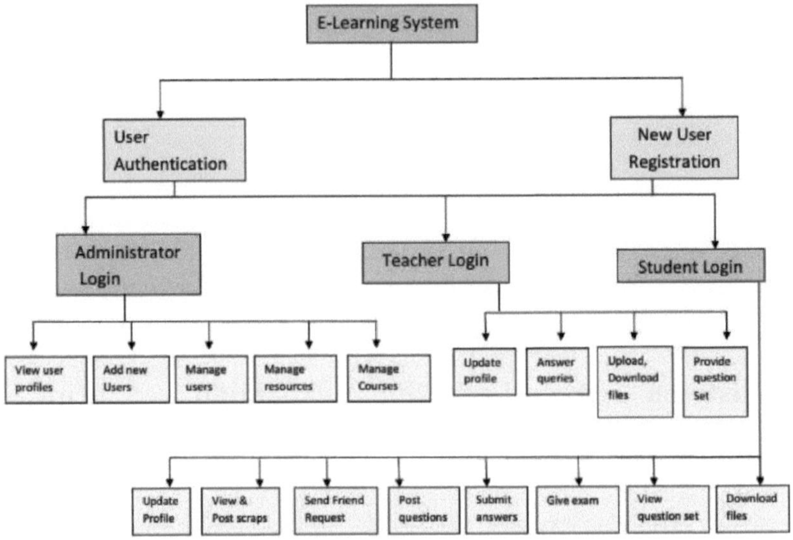

Figura 2.7: Diagrama de decomposição funcional (fonte [24])

O sistema fornece serviços administrativos, serviços para os professores e serviços para os estudantes. O sistema oferece um grande número de funcionalidades tanto para os estudantes como para os professores. Para além da função de "envio de recados", o sistema também oferece a função de chat para a comunicação entre estudantes e professores. O sistema de E-Learning que foi construído funcionou como um meio de comunicação interativo entre os professores e os alunos. O sistema actua como um fórum onde tem lugar a transferência de conhecimentos [24].

Conclusão

A arquitetura permite que os professores forneçam um grande conjunto de dados de perguntas aos alunos; esta operação está associada à possibilidade de publicar perguntas e atualizar perguntas. Por outro lado, a partir do diagrama de decomposição funcional acima apresentado, não ficou claro como é que o sistema verifica se as perguntas são efetivamente actualizadas. Por conseguinte, era necessário conceber um modelo que permitisse controlar e verificar a antiguidade e a atualidade das perguntas, de modo a melhorar a aprendizagem.

2.11 Banco de perguntas inteligente e sistema de exame

Na sua investigação, os investigadores em [10] explicaram que os principais aspectos do modelo de perguntas incluem um motor de perguntas inteligente, uma ferramenta de interface de perguntas ou respostas e uma ligação a uma base de dados de conhecimentos para monitorizar o progresso dos alunos. O modelo de perguntas é uma representação da base de dados de perguntas que é desenvolvida para cada módulo de um curso para um programa de estudo. Cada pergunta é caracterizada pelo tipo (verdadeiro-falso, escolha múltipla, respostas numéricas), peso, determinado pelo nível de dificuldade, e uma chave de conhecimento que define o âmbito da pergunta e a sua cobertura do mapa de conhecimentos. Depois de cada pergunta ser respondida, o sistema de gestão de perguntas actualiza o progresso do aluno através de um mapa de conhecimentos, tendo novamente em conta as características da pergunta.

A Figura 2.8 mostra o conceito de Sistema de Questionamento Inteligente. O Sistema de Questionamento Inteligente é composto por dois componentes básicos: o módulo de conhecimento e o módulo de perguntas [26]. O módulo de conhecimento apresenta ao utilizador o seu nível atual no sistema.

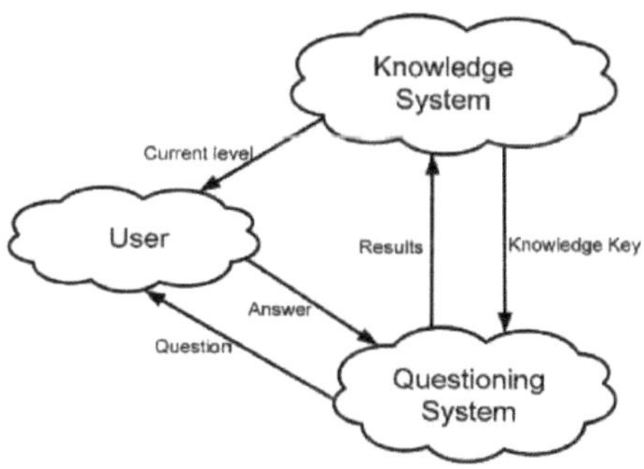

Figura 2.8: Conceito de sistema de interrogação inteligente [10]

O módulo de perguntas identifica então um conjunto adequado de perguntas dentro deste nível. Uma pergunta é então selecionada aleatoriamente e apresentada ao utilizador. Quando o utilizador completa o exame, o módulo de perguntas fornece uma medida de avaliação ao módulo de conhecimentos. A Figura 2.9 abaixo mostra a arquitetura do módulo de perguntas. O módulo de conhecimento actualiza então o estado do utilizador no sistema.

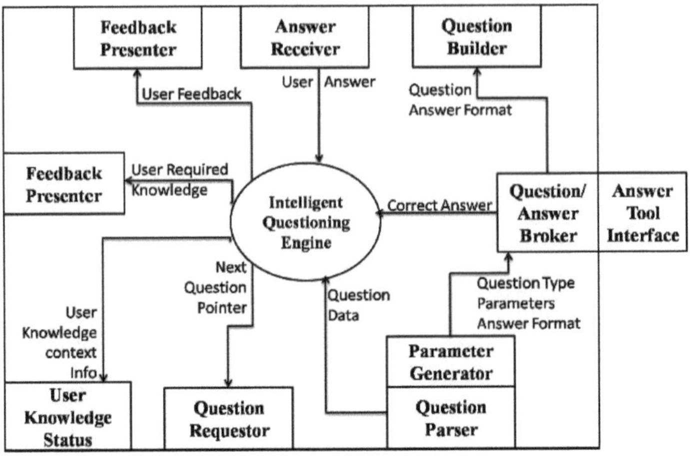

Figura 2.9: Arquitetura do módulo de interrogação [10]

O processo de questionamento envolve: selecionar aleatoriamente uma pergunta do conjunto, completar a pergunta, recolher informações de avaliação e fornecer uma medida do grau de compreensão de volta ao modelo de conhecimento para utilização na avaliação de conhecimentos. Para além de selecionar e colocar uma pergunta, o conjunto de perguntas também fornece um mecanismo para quantificar o grau de compreensão. Isto é utilizado para ajudar a avaliar o nível de competência do aluno em cada tópico.

Conclusão

Os investigadores observaram que foi desenvolvida uma base de dados de perguntas para cada módulo de um curso de um programa de estudos, mas não especificam a frequência com que a base de dados é actualizada, o que indica que perguntas semelhantes serão recicladas e examinadas muitas vezes. Este facto limita a aquisição de mais conhecimentos por parte dos alunos que utilizam este sistema, uma vez que as mesmas perguntas são colocadas repetidamente. Por conseguinte, é necessário acompanhar e verificar a antiguidade e a novidade das perguntas, de modo a melhorar a aprendizagem.

2.12 Perguntas de escolha múltipla Base de dados

O tipo de pergunta de escolha múltipla armazena tanto a ordem das escolhas como as escolhas seleccionadas no campo de resposta da tabela de estados do questionário. O armazenamento da ordem é opcional (principalmente para fornecer compatibilidade retroactiva com versões anteriores deste tipo de pergunta). A ordem é armazenada como uma lista separada por vírgulas de IDs de resposta (chaves primárias da tabela de respostas do questionário). É separada por dois pontos (':') das respostas seleccionadas, que também são armazenadas como uma lista separada por vírgulas de IDs de resposta. Por exemplo, 1,3,2,4:2,4 significa que as respostas foram mostradas na ordem 1, 3, 2 e depois 4 e as respostas 2 e 4 foram verificadas. Note-se que a lista de respostas seleccionadas é normalmente mais curta (e muitas vezes contém apenas um ID) do que a lista que fornece a ordem [21].

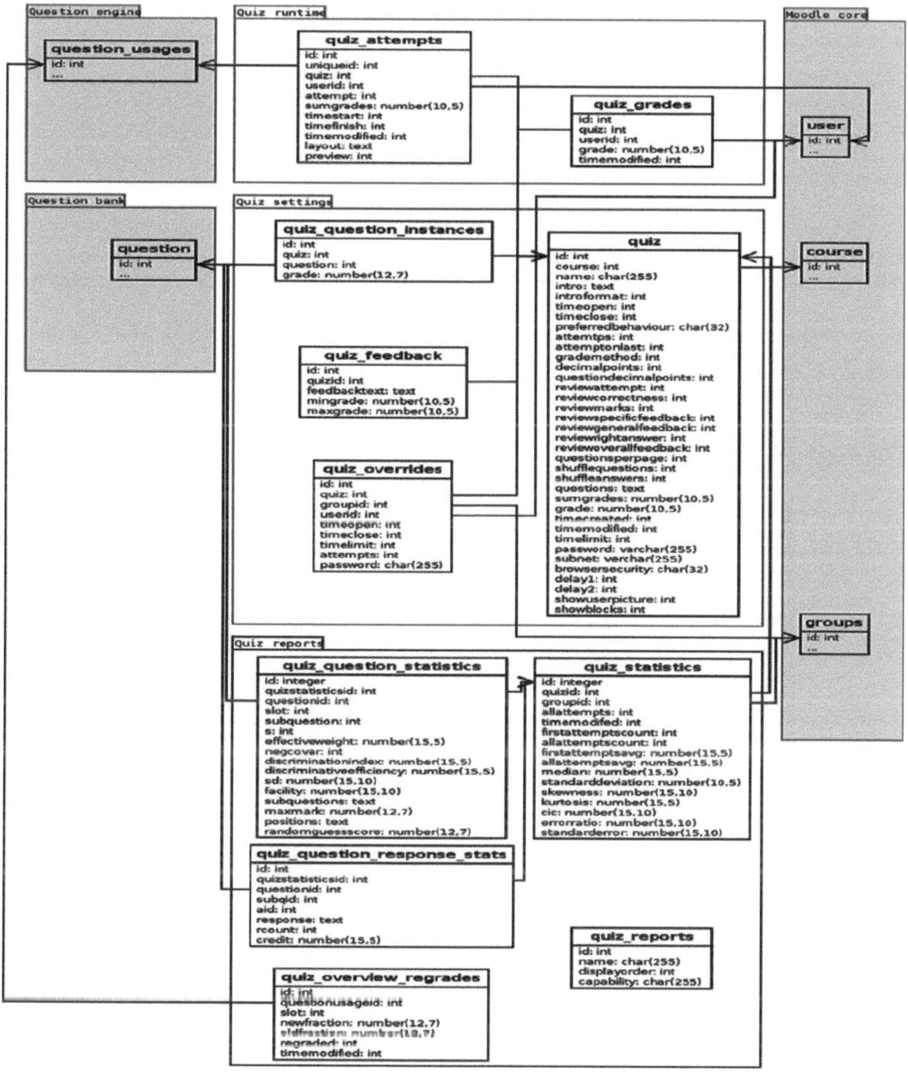

Figura 2.10: Estrutura da base de dados do Quiz [21]

A visão geral das definições do questionário e do tempo de execução é útil para distinguir entre as definições do questionário, onde são armazenadas as informações sobre a forma como o professor configurou o questionário, e o "tempo de execuçao", onde sao armazenadas as informações sobre as tentativas das pessoas no questionário.

2.13 Conclusão

Entre as ferramentas de e-learning analisadas, foram identificadas várias lacunas em relação à captação da antiguidade e novidade das perguntas de escolha múltipla e objectivas utilizadas na avaliação dos aprendentes;

(i) As ferramentas de ensino eletrónico não monitorizam o momento em que as perguntas foram criadas nas bases de dados.

(ii) Não controlam se as perguntas nas bases de dados são efetivamente actualizadas pelos tutores.

(iii) Não controlam a frequência com que as mesmas perguntas são colocadas pelos tutores/sistema.

De um modo geral, pouco foi feito para monitorizar a antiguidade e a novidade das perguntas de escolha múltipla e objectivas nas ferramentas de aprendizagem eletrónica, daí a razão deste estudo.

Capítulo 3: Metodologia

3.1 Introdução

Neste estudo, foram utilizadas várias ferramentas, métodos e conhecimentos para atingir os objectivos que conduziram à conceção de um modelo para verificar a antiguidade e a novidade de perguntas de escolha múltipla em ferramentas de aprendizagem eletrónica. Segue-se uma ilustração da estrutura das fases abrangidas pelo processo de desenvolvimento do modelo.

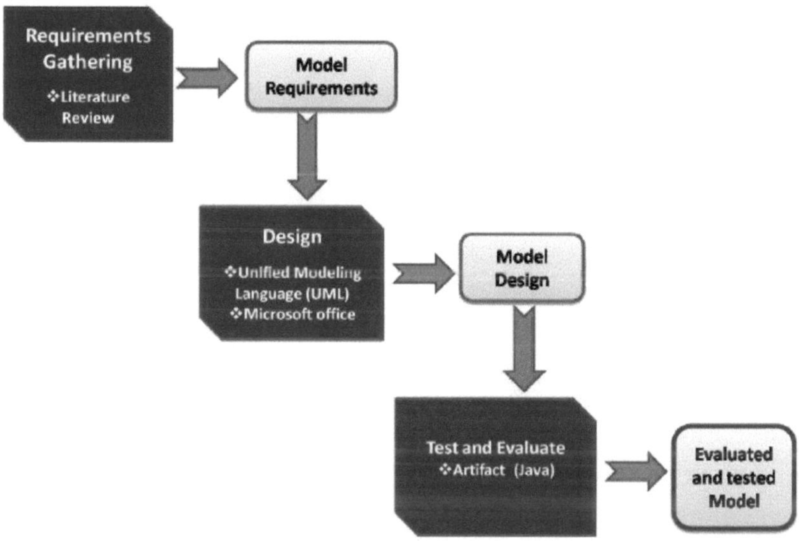

Figura 3.1: Metodologia de desenvolvimento de sistemas

3.2 Determinação de requisitos

Primeiro objetivo: *"Efetuar uma investigação sobre as bases de dados existentes baseadas na escolha múltipla para identificar os requisitos para o modelo proposto"*

Para atingir o primeiro objetivo, foi feita uma revisão da literatura que envolveu o estudo do domínio do problema para especificar os requisitos e as prioridades da solução. Na recolha de requisitos, o principal objetivo era compreender e documentar os requisitos do modelo.

3.2.1 Revisão da literatura

Foi efectuado um levantamento documental dos documentos disponíveis sobre as bases de dados de escolha múltipla existentes para identificar os requisitos do modelo, facilitado pela análise de conteúdo dos documentos para identificar as lacunas existentes, como forma de gerar ideias para colmatar essas lacunas (pesquisa de documentos, estudo de documentos, elaboração de orientações para a análise de conteúdo, realização da análise de conteúdo)

3.3 Conceção

Objetivo dois: *"Conceber um modelo que verifique a antiguidade e a novidade das perguntas de escolha múltipla em ferramentas de aprendizagem eletrónica."*

A informação recolhida durante a revisão da literatura acima referida foi utilizada para conceber um modelo que verifica a antiguidade e a novidade das perguntas de escolha múltipla em ferramentas de aprendizagem eletrónica. Utilizando a Linguagem de Modelação Unificada, foi utilizado um diagrama entidade-relacionamento para ilustrar e mostrar a relação entre os diferentes componentes do modelo. O modelo emergente é apresentado no capítulo seguinte.

3.3.1 Defeito lógico do modelo

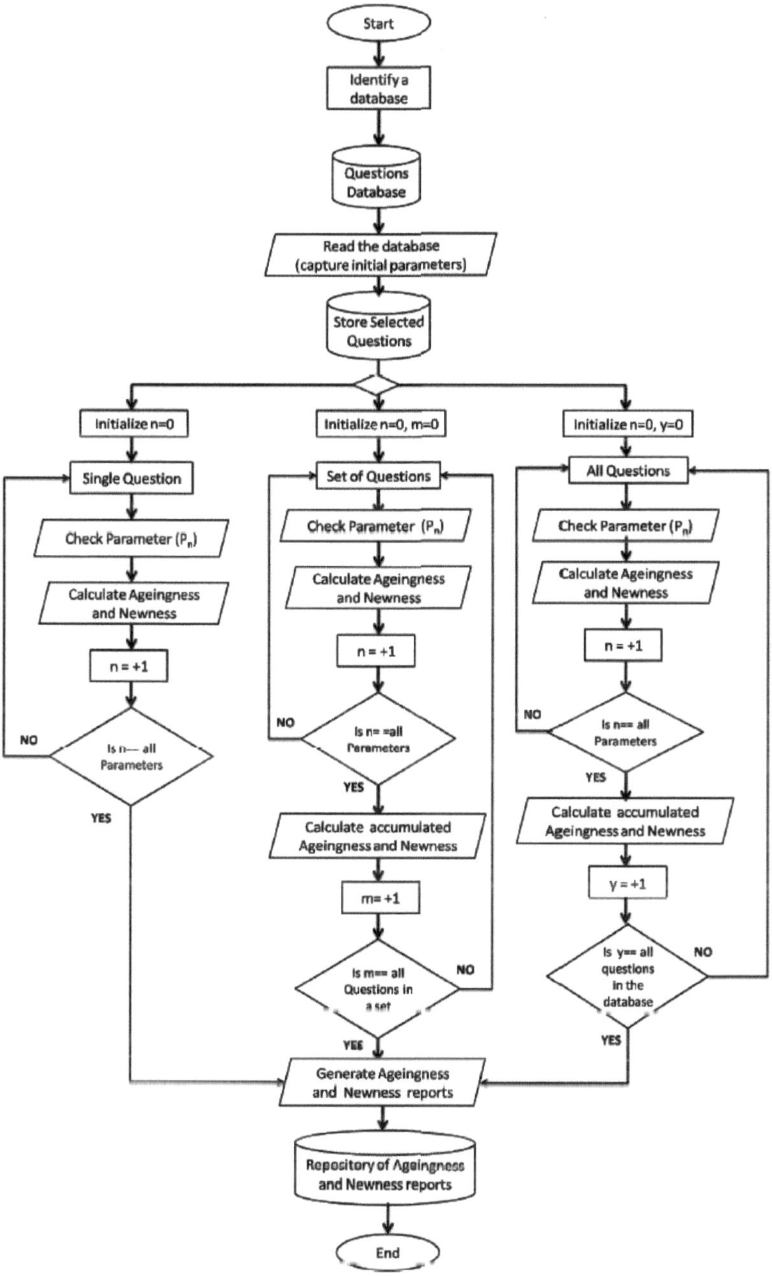

Figura 3.2: Um fluxograma para o modelo de envelhecimento e novidade

É identificada uma base de dados e, em seguida, o modelo é executado para captar os parâmetros predefinidos e inicializá-los. A partir daí, a antiguidade e a novidade de uma única pergunta, de um conjunto de perguntas e de todas as perguntas são determinadas através da verificação dos parâmetros. Os relatórios estatísticos de antiguidade e novidade são então processados e armazenados para referência.

3.3.2 Arquitetura do envelhecimento e da novidade

O diagrama abaixo mostra como a arquitetura se articula com as ferramentas de e-learning

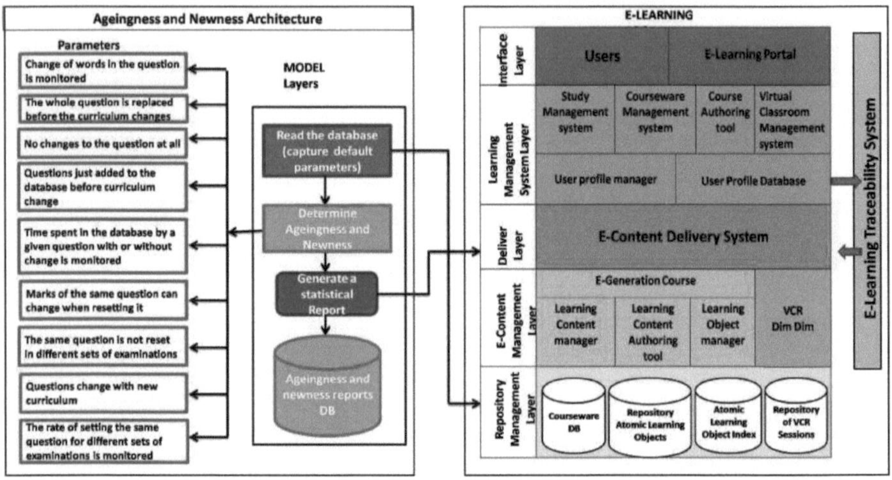

Figura 3.3: Ligação arquitetónica entre o modelo e uma ferramenta de E-Learning [14]

3.3.3 Camadas de arquitetura

Ler a camada da base de dados

O modelo lê a base de dados das perguntas para captar os parâmetros predefinidos de uma dada pergunta em relação à Antiguidade e à Novidade

Determinar a camada de envelhecimento e de novidade

Uma vez selecionado ou gerado um determinado conjunto de perguntas, o modelo verifica os parâmetros de uma ÚNICA pergunta, de um CONJUNTO de perguntas e de TODAS as perguntas da base de dados.

Gerar camada de relatório estatístico

Os parâmetros são analisados e é elaborado um relatório estatístico para cada categoria que mostra a antiguidade e a novidade das perguntas.

Envelhecimento e novidade Camada de armazenamento

Os relatórios Ageingness e Newness gerados são depois armazenados numa base de dados para referência.

3.3.4 Camadas de ferramentas de aprendizagem eletrónica [14]

Camada de interface

A conceção da plataforma de e-learning depende dos diferentes tipos de utilizadores (estudantes, professores, tutores e administradores). A camada do utilizador é utilizada para manter a versão dos activos de aprendizagem do utilizador para diferentes soluções de aprendizagem em linha de uma forma reutilizável e interoperável. **Camada do sistema de gestão da aprendizagem**

O LMS integra todos os aspectos da gestão das actividades de ensino em linha. Em particular, visa oferecer funcionalidades de gestão aos utilizadores da plataforma de formação: administradores do sistema, professores e alunos

Fornecer camada

A camada de distribuição recebe as informações e processa-as para uma tomada de decisão eficaz **Camada de gestão de conteúdos electrónicos**

A camada de gestão de conteúdos oferece serviços que permitem gerir conteúdos, prestando especial atenção à sua criação, importação e exportação a partir de uma camada de conteúdos de base de dados. É constituída por:

Camada de gestão de repositórios

Os conteúdos de aprendizagem devem ser organizados de forma consistente para apoiar a indexação, o armazenamento, a descoberta (pesquisa) e a recuperação de objectos de aprendizagem por várias ferramentas em vários repositórios. Esta arquitetura suporta um repositório de bases de dados, que inclui os conteúdos de aprendizagem do sistema de e-learning. Estes conteúdos estão organizados em Repositório de Objectos de Aprendizagem reutilizáveis, Índice de Objectos de Aprendizagem, Base de Dados de Material Didático e Repositório de Sessões de Sala de Aula Virtual.

3.3.5 O algoritmo para determinar a antiguidade e a novidade das perguntas de escolha múltipla em ferramentas de aprendizagem eletrónica

Os parâmetros utilizados

p_0 = A mudança de palavras na pergunta é monitorizada.

p_1 = Toda a pergunta é substituída antes das alterações curriculares.

p_2 = Nenhuma alteração à pergunta.

p_3 = Pergunta que acabou de ser acrescentada à base de dados antes da mudança de currículo.

p_4 = O tempo passado na base de dados por uma determinada pergunta, com ou sem alterações, é monitorizado.

p_5 = As marcas da mesma pergunta podem mudar ao reiniciá-la.

p_6 = A mesma pergunta não é reposta em diferentes conjuntos de exames.

p_7 = A pergunta muda com o novo currículo.

p_8 = O número de vezes que uma determinada pergunta é repetida em diferentes conjuntos de exames é monitorizado.

Passo 1: Conjunto de parâmetros; Constitui os parâmetros de Agiengness e Newness num conjunto P em que P = $\{P_0, P_1, ..., P\}_{n-1}$

Passo 2: Inicialização; Inicializar i a -1.

Passo 3: Selecionar um parâmetro; Selecionar o parâmetro j^{th} , ou seja, j = (i+1)mod n, em que n é o número de todos os parâmetros.

Passo 4: Agiengness e Newness do parâmetro; Calcular o Agiengness e o Newness do parâmetro atual, P_j

Etapa 5: Acumulação; Acumular a Agiengness e a Newness calculadas.

Passo 6: Actualizações; Atualizar i com j, ou seja, $i = j$.

Passo 7: Voltar ao passo 3 desde que $i < n - 1$.

Em que $(i < n - 1)$ significa que o valor j será igual a n.

Passo 8: Armazenamento; Armazenar o Ageingness(A) e o Newness(N) acumulados na base de dados.

3.3.6 Cálculo da antiguidade (A) e da novidade (N)

Os postulados abaixo são as hipóteses consideradas para verificar o parâmetro P_n .

1. ($\leq$ 0 por cento) - O que significa que não há qualquer alteração na pergunta.
2. (1-20%) - Significa uma alteração muito pequena na pergunta.
3. (21-40 por cento) - O que significa que há uma pequena alteração na pergunta.
4. (41-60 por cento) - o que significa que há uma mudança média na pergunta.
5. (61-80 por cento) - O que significa que há uma grande mudança na pergunta.
6. ($\geq$ 80 por cento) - O que significa que há uma mudança muito alta na questão.

Nota: As alterações foram medidas de acordo com a pergunta original, considerando todos os parâmetros.

3.3.7 Agiengness(A) e Newness(N) Escala de cinco pontos

Intervalo de percentagem	**Percentagem Peso**
(≤ 0 por cento)	0
(1-20 por cento)	1
(21-40 por cento)	2
(41-60 por cento)	3
(61-80 por cento)	4
(≥ 80 por cento)	5

Tabela 3.1: Agiengness(A) e Newness(N) Escala de cinco pontos

Os parâmetros considerados tinham a mesma contribuição para o envelhecimento e a novidade, pelo que lhes foi atribuído o mesmo peso (W=5) no quadro 3.2, ao passo que aos intervalos de percentagens foram atribuídos pesos diferentes (ver quadro 3.1), porque as percentagens estavam sempre a mudar, uma vez que os parâmetros mudavam a ritmos diferentes. O envelhecimento e a novidade foram calculados com base na contribuição de cada parâmetro.

3.3.8 A matriz para determinar a antiguidade (A) e a novidade (N)

Parameter (P)	Weight(W=5)	Ageingness Percentage(AP)	Ageingness Weight(AW)	Newness Percentage(NP)	Newness Weight(NW)
P_i	W	AP_i	AW_i	NP_i	NW_i
.	W	.	.	.	.
.	W	.	.	.	.
.	W	.	.	.	.
P_n	W	AP_n	AW_n	NP_n	NW_n

Quadro 3.2: Matriz de antiguidade (A) e novidade (N)

3.3.9 Pergunta única

Para determinar a contribuição para Agiengness(A) e Newness(N) de uma única pergunta, foram utilizadas as equações abaixo.

$$A = \frac{\sum_{i=1}^{n}(AW_i * W)}{n * W} \tag{3.1}$$

$$N = \frac{\sum_{i=1}^{n}(NW_i * W)}{n * W} \tag{3.2}$$

Onde;

A - Agiengness

AW - Peso de Agiengness

N - Novidade

NW - Peso da novidade

W - Peso do parâmetro n - Número de parâmetros

3.3.10 Um conjunto de perguntas

Para determinar a contribuição para Agiengness(A) e Newness(N) de um conjunto de perguntas, foram utilizadas as equações abaixo.

$$A = \frac{\sum_{j=1}^{m} \frac{\sum_{i=1}^{n}(AW_{ij} * W)}{n * W}}{m} \tag{3.3}$$

$$N = \frac{\sum_{j=1}^{m} \frac{\sum_{i=1}^{n}(NW_{ij} * W)}{n * W}}{m} \tag{3.4}$$

Onde;

A - Agiengness

AW - Peso de Agiengness

N - Novidade

NW - Peso da novidade

W - Peso do parâmetro

n - Número de parâmetros

m - Número de perguntas

3.3.11 Todas as perguntas da base de dados

Para determinar a contribuição para Agiengness(A) e Newness(N) para todas as perguntas da base de dados, são utilizadas as equações abaixo.

$$A = \frac{\sum_{j=1}^{y} \frac{\sum_{i=1}^{n}(AW_{ij} * W)}{n * W}}{y} \tag{3.5}$$

$$N = \frac{\sum_{j=1}^{y} \frac{\sum_{i=1}^{n}(NW_{ij} * W)}{n * W}}{y} \tag{3.6}$$

Onde;

A - Agiengness

AW - Peso de Agiengness

N - Novidade

NW - Peso da novidade

W - Peso do parâmetro

n - Número de parâmetros

y - Todas as perguntas da base de dados

3.3.12 O artefacto

As ferramentas de software abaixo indicadas foram utilizadas na conceção do artefacto, devido ao ambiente de trabalho adequado que proporcionam; por exemplo, a disponibilização de tutoriais para os primeiros utilizadores do software, a presença de menus de ajuda para o designer. As ferramentas de software são altamente recomendadas para a disponibilização de uma plataforma de conceção normalizada e reconhecida mundialmente.

As ferramentas de software incluíam: MySQL que foi utilizado para consultar a base de dados porque suporta sistemas de bases de dados relacionais cujas vantagens incluem a capacidade de fornecer um acesso mais rápido aos dados do que os ficheiros simples e o acesso aleatório aos dados. O Java foi utilizado para criar as interfaces de utilizador pretendidas, tendo sido preferido devido às suas características de segurança. O PhpMyAdmin foi utilizado para fornecer uma interface com o MySQL, uma vez que facilita a utilização e a manipulação do MySQL.

O Microsoft Windows 7 Professional foi utilizado como plataforma devido à sua facilidade de utilização e à sua capacidade de funcionar em computadores com requisitos mínimos de sistema, como a memória de acesso aleatório e a velocidade do processador. A linguagem de programação Java foi utilizada devido às suas vantagens em termos de segurança.

Estrutura da base de dados do artefacto

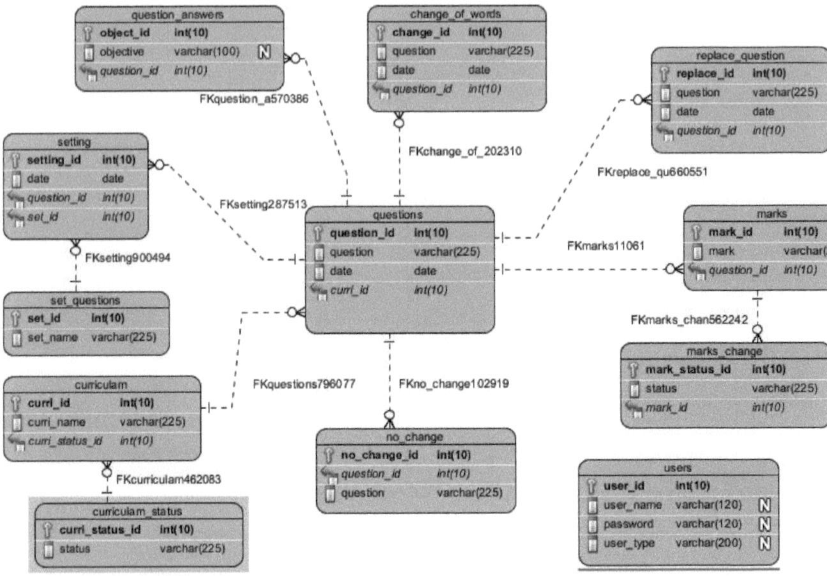

Figura 3.4: Diagrama Entidade-Relacionamento

A tabela de utilizadores: Esta tabela recolhe informações sobre os utilizadores do sistema, por exemplo, userid, nome de utilizador, palavra-passe e tipo de utilizador.

A tabela Perguntas: Esta tabela recolhe informações sobre as perguntas na base de dados, por exemplo, questionid, pergunta e data, entre outras. É sobre estas perguntas que são calculadas a Agieng- ness(A) e a Newness(N). Por exemplo, questionid, question, date e curriid. **Tabela de respostas das perguntas:** Esta tabela contém informações sobre as opções de resposta para cada pergunta na base de dados, por exemplo objectid, questionid.

Tabela de alteração de palavras: A tabela recolhe as perguntas cujas palavras mudam, ou seja, changeid, pergunta, data e questionid.

Tabela de currículos: Esta tabela recolhe informações sobre os diferentes currículos, por exemplo, curriid, curriname, curristatusid, intro-date e expiry-date

Tabela de estado do currículo: Esta tabela recolhe informações sobre o estado do currículo, ou seja, cur- ristatusid e status.

Tabela de marcas: Esta tabela contém informações sobre as notas atribuídas a cada pergunta, ou seja, markid,. mark e question.

Tabela de alteração de marcas: As tabelas recolhem informações sobre a alteração das marcas das perguntas, ou seja, markstatusid, status e markid.

Tabela sem alterações: Esta tabela recolhe informações sobre as perguntas que não mudam em relação ao original se forem introduzidas novamente. Por exemplo, nochangeid, questionid e question.

Tabela de substituição de perguntas: A tabela contém informações sobre as perguntas substituídas, ou seja, replaceid, pergunta, data e questionid.

Tabela de definição: Esta tabela recolhe informações sobre as perguntas definidas. Por exemplo, settingid, data, questionid e setid.

Tabela de perguntas sobre o conjunto: Recolhe informações sobre os diferentes conjuntos que foram definidos, ou seja, setid e setname.

3.4 Testes e avaliação

Terceiro objetivo: *"Validar e testar o modelo concebido em perguntas de uma determinada base de dados, a fim de verificar o seu desempenho."*

O modelo foi validado e testado através da utilização do artefacto para ler os dados das bases de dados de uma determinada ferramenta de e-learning, analisar a antiguidade e a novidade de uma única pergunta, de um conjunto de perguntas ou de todas as perguntas da base de dados de uma determinada ferramenta de e-learning (a quantidade de tempo que as perguntas de escolha múltipla passaram na base de dados desde que esta foi criada, bem como a taxa de alteração das palavras nas perguntas)

O objetivo era determinar se o modelo pode fornecer um mecanismo que dá a idade e a novidade de cada pergunta na base de dados, de que forma o modelo contribui para ajudar os alunos a deixarem de fazer trabalhos de preparação e de serem preguiçosos, e de que forma o modelo contribui para ajudar os instrutores a deixarem de ser preguiçosos na elaboração dos exames. Foi considerada uma base de dados de uma ferramenta de aprendizagem eletrónica autónoma, ou seja, bases de dados não distribuídas

Percentagem Peso	**Interpretação**	
	Agiengness(A)	Novidade(N)
(0.0 - 1.9)	A(s) pergunta(s) é(são) nova(s)	A(s) pergunta(s) é(são) antiga(s)
(2.0 - 2.9)	A(s) pergunta(s) tem(têm) uma idade média	A(s) pergunta(s) é(são) medianamente nova(s)
(3.0 - 5.0)	A(s) pergunta(s) é(são) antiga(s)	A(s) pergunta(s) é(são) nova(s)

Quadro 3.3: Interpretação dos resultados de Agiengness (A) e Newness (N)

3.4.1 Os postulados de interpretação dos resultados

A tabela 3.3 mostra como interpretar os resultados de Agiengness e Newness para determinar quão nova ou antiga é a(s) pergunta(s). As perguntas são antigas, novas, medianamente antigas ou medianamente novas.

3.4.2 Teste do artefacto

Os resultados abaixo são estatísticas derivadas do artefacto depois de verificar a Agiengness(A) e Newness(N) de algumas perguntas individuais, conjuntos de perguntas e todas as perguntas na base de dados.

Imagens de ecrã da Agiengness(A) e Newness(N) calculadas de algumas perguntas pelo artefacto

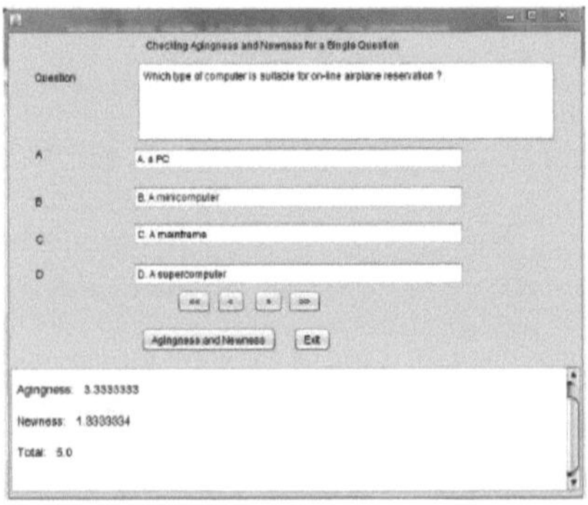

Figure 3.5: Agiengness(A) and Newness(N) of a question already in the database

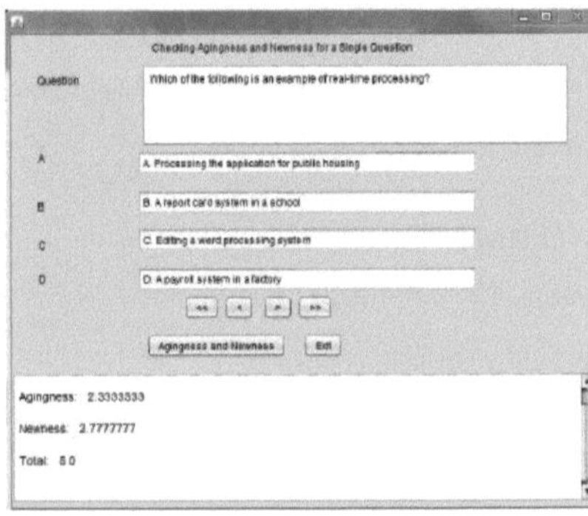

Figure 3.6: Agiengness(A) and Newness(N) of a question just added to the database

Ecrãs de Agiengness(A) e Newness(N) calculados de um conjunto de perguntas pelo artefacto

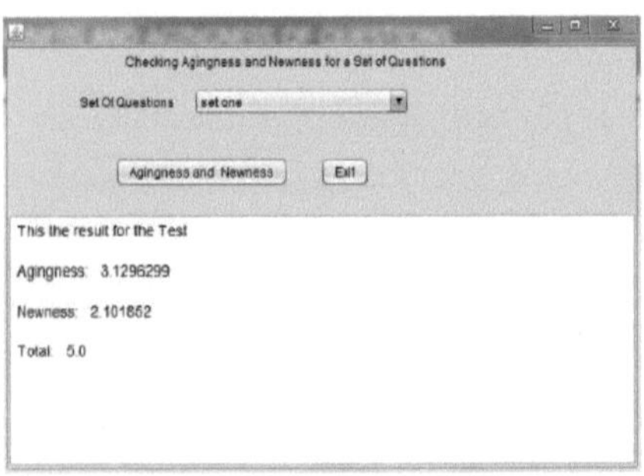

Figure 3.7: Agiengness(A) and Newness(N) of set one

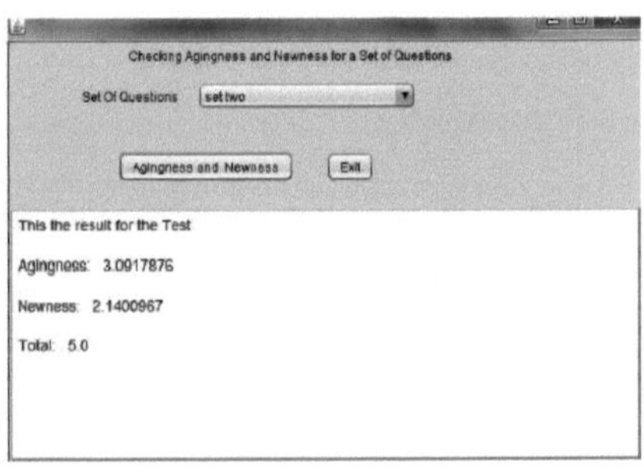

Figure 3.8: Agiengness(A) and Newness(N) of set two

Ecrã curto de Agiengness(A) e Newness(N) calculados de todas as perguntas pelo artefacto

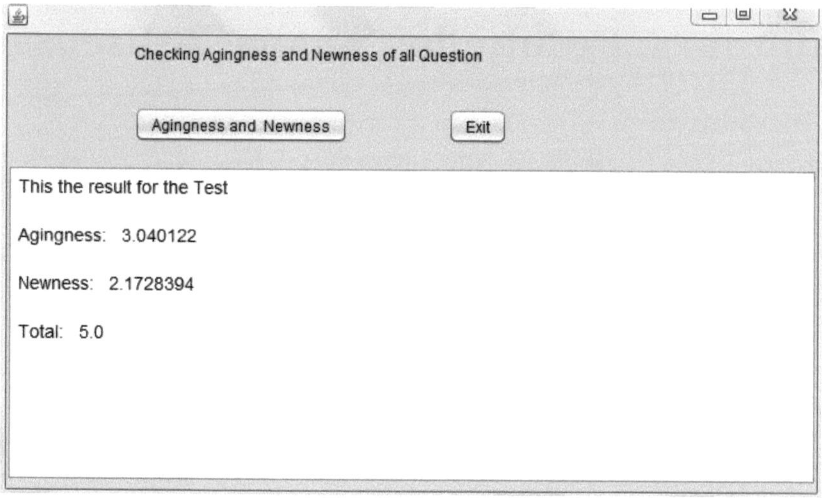

Figura 3.9: Agiengness (A) e Newness (N) de todas as perguntas da base de dados

Capítulo 4: Resultados, análise e discussão

4.1 Introdução

Este capítulo analisa os resultados do estudo com base nos objectivos definidos no primeiro capítulo.

4.2 Resultados do primeiro objetivo

A partir da revisão da literatura no capítulo 2, as instituições que oferecem estudos de e-learning adoptam maioritariamente perguntas de escolha múltipla como uma forma rápida e eficiente de avaliar os formandos. Entre as ferramentas de aprendizagem eletrónica analisadas, foram identificadas várias lacunas em relação à captação da antiguidade e novidade das perguntas de escolha múltipla.

4.2.1 Parâmetros identificados

Os seguintes parâmetros foram identificados como sendo cruciais para determinar a antiguidade e a novidade das perguntas de escolha múltipla nas ferramentas de aprendizagem eletrónica. Estes incluem;

(1) **A alteração das palavras na pergunta é monitorizada;** quando as palavras na pergunta são alteradas, a abordagem à pergunta altera-se. De acordo com a tabela 4.1, a maioria das ferramentas exploradas não altera as palavras nas perguntas, a menos que o currículo tenha mudado, mas sabemos que os currículos mudam ao fim de muito tempo.

(2) **Toda a questão é substituída antes das alterações curriculares;** Do quadro

4.1 a maior parte dos instrumentos não substitui a pergunta completa antes das alterações curriculares.

(3) **Nenhuma alteração à pergunta;** Quando não são feitas alterações à pergunta, isso significa que a pergunta não é actualizada. De acordo com a tabela 4.1 abaixo, a maioria das ferramentas exploradas não efectua quaisquer alterações à pergunta, a menos que o currículo seja alterado.

(4) **Perguntas apenas adicionadas à base de dados antes da mudança de currículo;** Quando novas perguntas são apenas adicionadas à base de dados, isso significa que podem ser adicionadas perguntas diferentes. De acordo com a tabela 4.1 abaixo, a maioria das ferramentas não adiciona novas perguntas à base de dados antes das mudanças curriculares.

(5) **O tempo passado na base de dados por uma determinada pergunta, com ou sem alterações, é monitorizado;** Quando o tempo passado na base de dados não é monitorizado, significa que a data e a hora em que a pergunta foi colocada na base de dados não são conhecidas. A partir da tabela 4.1, a maioria das ferramentas exploradas não monitoriza o tempo que as perguntas passam na base de dados com ou sem alterações.

(6) **As classificações da mesma pergunta podem mudar quando a mesma é reposta;** quando as

classificações da pergunta mudam, isso dá ao aluno a oportunidade de explicar mais ou menos, dependendo das classificações atribuídas. De acordo com a tabela 4.1 abaixo, a maioria das ferramentas exploradas, as notas das mesmas perguntas não mudam nos diferentes conjuntos de exames em que a mesma pergunta é colocada.

(7) Quando a mesma pergunta não é reposta em diferentes conjuntos de exames; quando a mesma pergunta não é monitorizada em termos de ser reposta em diferentes conjuntos de exames, isso significa que os alunos darão as mesmas respostas que no conjunto de exames anterior, pelo que a repetição de testes é altamente encorajada. A partir da tabela 4.1, a maioria das ferramentas indica que a mesma pergunta pode ser reposta em diferentes conjuntos de exames e dada aos alunos.

(8) **As perguntas mudam com o novo currículo;** normalmente, quando o currículo muda, as perguntas também são alteradas. De acordo com a tabela 4.1 abaixo, a maioria das ferramentas mostra que as perguntas só mudam com a alteração do currículo, o que só é bom para as ferramentas cujos currículos mudam num curto espaço de tempo.

(9) **O número de vezes que uma determinada pergunta é repetida em diferentes conjuntos de exames é monitorizado;** quando a taxa de colocação da mesma pergunta é monitorizada, isso ajuda a saber com que frequência a pergunta foi colocada. O quadro 4.1 mostra que a maioria dos instrumentos explorados não monitoriza a taxa de colocação da mesma pergunta. As mesmas perguntas podem facilmente ser colocadas mais vezes do que outras.

Ferramentas de e-Learning	**Parâmetros**								
	A mudança de palavras na pergunta é controlada	Toda a questão é substituída antes das alterações curriculares	Nenhuma alteração à pergunta	Perguntas que acabaram de ser adicionadas à base de dados antes da alteração do currículo	O tempo passado na base de dados por uma determinada pergunta, com ou sem alterações, é monitorizado	As marcas da mesma pergunta podem mudar ao reiniciá-la	A mesma pergunta não é reposta em diferentes conjuntos de exames	As questões mudam com o novo currículo	É monitorizado o número de vezes que uma determinada pergunta é repetida em diferentes conjuntos de exames
Moodle	SIM	NÃO	NÃO	SIM	NÃO	SIM	NÃO	SIM	NÃO
ATutor	SIM	NÃO	SIM	NÃO	NÃO	NÃO	SIM	SIM	NÃO
Claroline	SIM	NÃO	SIM	SIM	NÃO	NÃO	NÃO	SIM	NÃO

CISCO	NÃO	NÃO	SIM	NÃO	NÃO	NÃO	NÃO	NÃO	NÃO
Certificação Microsoft	NÃO	NÃO	NÃO	NÃO	NÃO	NÃO	NÃO	SIM	NÃO
TOEFL (edx)	NÃO	NÃO	SIM	NÃO	NÃO	NÃO	NÃO	SIM	NÃO
Sistema de banco de perguntas baseado na Web para melhorar o ensino em E-Learning	NÃO	NÃO	SIM	NÃO	NÃO	NÃO	NÃO	SIM	NÃO
Sistema de aprendizagem eletrónica Utilização do Ori de serviço arquitetura entedida (SOA)	SIM	NÃO	SIM	NÃO	NÃO	NÃO	NÃO	SIM	NÃO
Banco de perguntas inteligente e sistema de exame	NÃO	NÃO	SIM	NÃO	NÃO	NÃO	NÃO	SIM	NÃO

Tabela 4.1: Parâmetros identificados e sua aplicação em diferentes ferramentas de e-learning

Os parâmetros da tabela 4.1 foram identificados e a sua aplicabilidade a diferentes ferramentas de aprendizagem eletrónica. Verificou-se que pouco tinha sido feito para monitorizar os parâmetros na maioria das ferramentas de e-learning, como se pode ver na tabela 4.1.

4.3 Resultados para o segundo objetivo

4.3.1 Modelo de controlo da antiguidade e da novidade

O diagrama abaixo mostra o modelo que foi concebido para verificar a antiguidade e a novidade das perguntas de escolha múltipla.

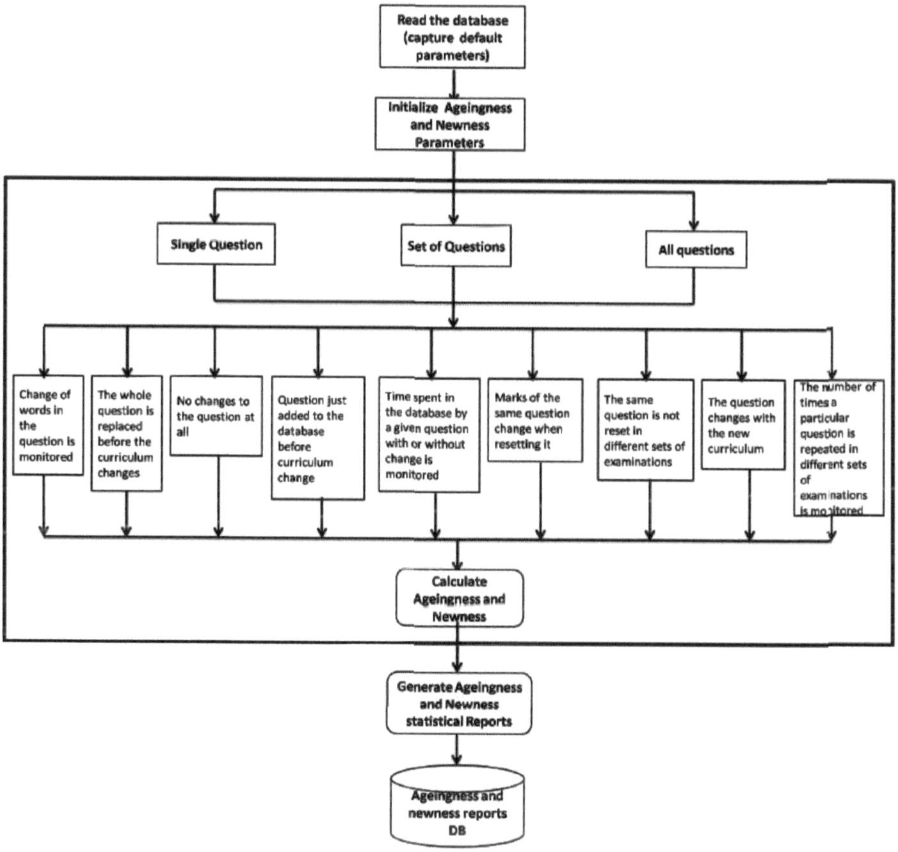

Figura 4.1: Modelo Ageingness e Newness

É identificada uma base de dados com perguntas de escolha múltipla. O artefacto é executado de modo a captar os parâmetros predefinidos. O modelo apresenta três cenários a verificar: uma única pergunta, um conjunto de perguntas e todas as perguntas da base de dados. Dependendo do cenário, o modelo calcula a contribuição para a Agiengness (A) e a Newness (N) com base nos parâmetros individuais da secção 3.3.5. Utilizando as fórmulas da secção 3.3.9, o artefacto calcula então a Agiengness(A) e a Newness(N) e apresenta um relatório. Para um conjunto de perguntas, o artefacto utiliza as fórmulas da secção 3.3.10 para calcular a Agiengness(A) e a Newness(N) e apresenta um relatório. Para todas as perguntas na base de dados, o artefacto utiliza as fórmulas da secção 3.3.11 para calcular a Agiengness(A) e a Newness(N) e apresenta um relatório.

4.4 Resultados do terceiro objetivo

A Tabela 4.2 mostra a Agiengness (A) e a Newness (N) de algumas perguntas individuais. Estes resultados foram obtidos a partir do artefacto, tal como se pode ver na secção 3.4.2

Questão	Agiengness(A)/5	Novidade(N)/5
Que tipo de computador é adequado para efetuar reservas de avião em linha? **A** um PC **B** um minicomputador **C** um mainframe **D** um supercomputador	3.3	1.3
Um pacote de software que pode ser copiado sem pagar por ele chama-se ? **A** Software pirata **B** Shareware **C** Software original **D** Freeware	4.0	1.2
A.............. é responsável pela manutenção do hardware de um sistema informático. **Um** analista de sistemas. **B** Técnico de informática Programador **C** **D** Mestre Web	3.3	2.0

Tabela 4.2: Agiengness(A) e Newness(N) para perguntas específicas na base de dados com parâmetros variáveis

Note-se que a soma da Agiengness (A) e da Newness (N) é arredondada a uma casa decimal.

A tabela 4.3 abaixo mostra a Agiengness (A) e a Newness (N) das perguntas recentemente adicionadas à base de dados. Estes resultados foram obtidos a partir do artefacto, como se pode ver na secção 3.4.2

Questão	Agiengness(A)/5	Novidade(N)/5
Qual das seguintes opções é um exemplo de processamento em tempo real? **A** Processamento do pedido de alojamento público	2.2	2.7

B Um sistema de boletins de notas numa escola **C** Editar um sistema de processamento de texto **D** Um sistema de processamento de salários num supercomputador de fábrica		
Os sistemas periciais são constituídos por dois componentes principais **A** Um dígito de controlo e imagens anteriores **B** Um valor por defeito e um valor de validação **C** Álgebra relacional e geradores de relatórios **D** Uma base de conhecimentos e regras de inferência.	2.2	2.7
Um servidor de base de dados é um servidor dedicado que .... **A** Armazena e gere ficheiros **B** Gere as impressoras e os trabalhos de impressão **C** Armazena e dá acesso a uma base de dados **D** Gerir o tráfego de rede	2.2	2.7

Tabela 4.3: Agiengness(A) e Newness(N) para algumas perguntas recentemente adicionadas à base de dados ao mesmo tempo com parâmetros semelhantes.

A tabela 4.4 mostra a Agiengness (A) e a Newness (N) de alguns conjuntos de perguntas

Estes resultados foram obtidos a partir do artefacto, tal como se pode ver na secção 3.4.2.

Nome do conjunto	**Agiengness(A)/5**	**Novidade(N)/5**
conjunto Um	3.1	2.1
Conjunto dois	3.1	2.2
conjunto Três	3.1	2.1
Conjunto quatro	3.1	2.1

Tabela 4.4. Agiengness(A) e Newness(N) para alguns conjuntos de perguntas

Os resultados acima mostram os relatórios Agiengness(A) e Newness(N) de diferentes conjuntos de perguntas na base de dados com diferentes parâmetros, embora os parâmetros não variassem muito.

A tabela 4.5 abaixo mostra a Agiengness (A) e a Newness (N) de todas as perguntas.

Estes resultados foram obtidos a partir do artefacto, tal como se pode ver na secção 3.4.2

Perguntas	**Agiengness(A)/5**	**Novidade(N)/5**

Todas as perguntas da base de dados	3.0	2.2

Tabela 4.5: Agiengness(A) e Newness(N) para todas as perguntas da base de dados com diferentes parâmetros.

4.5 Discussão

Tendo em conta os resultados apresentados na tabela 4.1, verificou-se que pouco foi feito para monitorizar a antiguidade e a novidade das perguntas de escolha múltipla na maioria das ferramentas de aprendizagem eletrónica. Por conseguinte, uma maior monitorização das perguntas de escolha múltipla na maioria das ferramentas de aprendizagem eletrónica, com base nos parâmetros identificados, melhoraria a qualidade da aprendizagem eletrónica.

Utilizando os postulados para a interpretação dos resultados da tabela 3.3, secção 3.4.1, conclui-se que, para as perguntas da tabela 4.2, dado que os seus valores de Agiengness (3.3, 4.0 e 3.3) se situam na gama de (3.0 - 5.0), isso significa que as perguntas são antigas, por outro lado, os seus valores de Newness (1.3, 1.2 e 2.0) situam-se na gama de (2.0 - 2.9), o que significa que as perguntas também são medianamente novas.

Com base nas perguntas da tabela 4.3, dado que os seus valores de Agiengness (2.2, 2.2 e 2.2) se situam no intervalo de (2.0 - 2.9), significa que as perguntas são medianamente antigas, por outro lado, os seus valores de Newness (2.7, 2.7 e 2.7) situam-se no intervalo de (2.0 - 2.9), o que significa que as perguntas também são medianamente novas.

Conclui-se também que os conjuntos de perguntas da tabela 4.4, dado que os seus valores de Agiengness (3.1, 3.1, 3.1 e 3.1) se situam no intervalo de (3.0 - 5.0), o que significa que as perguntas são antigas, por outro lado, os seus valores de Newness (2.1, 2.2, 2.1 e 2.1) situam-se no intervalo de (2.0 - 2.9), o que significa que as perguntas também são medianamente novas.

Com base na tabela 4.5, as perguntas da base de dados são antigas, uma vez que o valor de Antiguidade (3,0) se situa no intervalo (3,0 - 5,0). Por outro lado, dado que o valor de novidade (2,2) se situa no intervalo (2,0 - 2,9), as perguntas da base de dados também podem ser consideradas como medianamente novas.

Capítulo 5: Conclusões e recomendações

5.1 Conclusão

Vivemos na era da tecnologia da informação, o que torna necessário equiparmo-nos adequadamente para os cenários em mudança. A aprendizagem não tem fim, sobretudo para os académicos. A aprendizagem apoiada pelas tecnologias da informação e da comunicação (TIC) é o novo paradigma. Todos os académicos devem estar cientes disto, como referem Nagarajan e Wiselin no seu estudo [22] A aprendizagem eletrónica não se limita à "literacia digital" (a aquisição de competências em tecnologias da informação), mas pode abranger múltiplos formatos e metodologias híbridas, em particular, a utilização de software, Internet, CD-ROM, aprendizagem em linha ou qualquer outro meio eletrónico ou interativo.

A necessidade de garantir a qualidade da educação está a ser enfatizada em todas as instituições de ensino, no entanto, no e-learning, onde a maioria das instituições adoptou as perguntas de escolha múltipla como uma forma rápida e eficiente de avaliar os alunos, descobriu-se que pouco tem sido feito para monitorizar estas perguntas.

O modelo verifica a antiguidade e a novidade das perguntas de escolha múltipla e objectivas nas ferramentas de aprendizagem eletrónica com base nos parâmetros identificados.

O modelo concebido colabora com as ferramentas de e-learning para ajudar os estudantes a aprender melhor, reduzindo a necessidade de estudar e a preguiça dos mesmos, quando fazem os exames, e incentiva os tutores a atualizar continuamente as perguntas nas bases de dados.

Dada a natureza evolutiva do ensino, o modelo fornece orientações para as instituições de ensino em linha que pretendem melhorar a educação dos seus alunos, desencorajando-os de estudar a matéria. O modelo também incentiva os tutores a melhorar continuamente a definição de novas perguntas.

Com base nos resultados deste estudo, o modelo acrescenta conhecimentos ao património de conhecimentos e de investigação disponível.

5.2 Recomendações

O modelo concebido é capaz de determinar a antiguidade e a novidade das perguntas numa base de dados, o que pode ajudar a monitorizar a antiguidade ou a novidade das perguntas. Por conseguinte, recomenda-se aos prestadores de serviços de aprendizagem eletrónica que implementem este modelo para ajudar os estudantes a aprender melhor, reduzindo a necessidade de estudar, melhorando a sua capacidade de raciocínio e a compreensão dos conteúdos

O modelo Ageingness and Newness ajuda a monitorizar a qualidade da educação em linha, pelo que é muito vantajoso para os fornecedores de serviços de e-learning implementarem o modelo nas suas ferramentas de e-learning.

5.3 Trabalho futuro

O modelo centrou-se na verificação da antiguidade e novidade das perguntas de escolha múltipla de uma base de dados autónoma. É necessário um estudo futuro para testar o modelo numa base de dados dinâmica, num ambiente distribuído

O modelo Ageingness and Newness funciona num computador autónomo no qual se encontra a base de dados, pelo que é necessário, em investigação futura, testar o modelo num ambiente em rede.

Referências

[1] Faisal Alkhateeb, Eslam AlMaghayreh, Shadi Aljawarneh, Zahraa Muhsin e Ayman Nsour. Ferramentas e tecnologias de aprendizagem eletrónica na educação: A perspective. *E-learning*, 2010.

[2] ATutor. Características do ATutor. https://www.atutor.ca/atutor/features.php, 2016. Acedido em 12-novombro-2016.

[3] Norkhushaini Bt Awang e Mohamad Yusof B Darus. Avaliação de um sistema de gestão da aprendizagem de fonte aberta: claroline. *Procedia-Social and Behavioral Sciences*, 67:416-426, 2012.

[4] Philip O Ayoo e Jude T Lubega. Um quadro para a partilha de recursos de e-learning (felrs),". *Revista Internacional de Tecnologia da Informação e da Educação*, 4(1):112- 119, 2014.

[5] Nadire Cavus e Teyang Zabadi. Uma comparação de sistemas de gestão de aprendizagem de código aberto. *Procedia-Social and Behavioral Sciences*, 143:521-526, 2014.

[6] Stephen G Eick, Todd L Graves, Alan F Karr, J Steve Marron e Audris Mockus. Does code decay? assessing the evidence from change management data. *Software Engineering, IEEE Transactions on*, 27(1):1-12, 2001.

[7] Hosam F El-Sofany, Noor Al-Jaidah, Shaima Ibrahim e Salha Al-kubaisi. Sistema de "banco de perguntas" baseado na Web para melhorar o ensino de e-learning na escola qatari. *Journal of Computer Science*, 5(2):97, 2009.

[8] Hosam F El-Sofany e Samir A El-Seoud. Para o desenvolvimento de um sistema de aprendizagem móvel: Uma nova etapa para melhorar o ensino superior. *Revista Internacional de Tecnologias Móveis Interactivas*, 3(3):4-9, 2009.

[9] Usama Fayyad, Gregory Piatetsky-Shapiro e Padhraic Smyth. From data mining to knowledge discovery in databases (Da extração de dados à descoberta de conhecimentos em bases de dados). *AI magazine*, 17(3):37, 1996.

[10] Ang Tan Fong, Hu Heng Siew, Por Lip Yee e LIEW CHEE Sun. Banco de perguntas inteligente e sistema de exame. Em *Actas da 5ª Conferência Internacional da WSEAS sobre E-ACTIVITIES*, páginas 20-22. Citeseer, 2006.

[11] Martin Graff. Cognitive style and attitudes towards using online learning and assessment methods. *Electronic Journal of e-learning*, 1(1):21-28, 2003.

[12] Todd L Graves, Alan F Karr, James S Marron e Harvey Siy. Predicting fault incidence using

software change history. *Software Engineering, IEEE Transactions on,* 26(7):653-661, 2000.

[13] Chong Guan, Ding Ding e Kong Weng Ho. E-learning no ensino superior para alunos adultos em singapura. *Revista Internacional de Tecnologias da Informação e da Educação,* 5(5):348, 2015.

[14] Salah Hammami e Hassan Mathkour. A implementação e avaliação de uma ferramenta de criação de cursos em linha (ocatlo). *Estudios de Economía Aplicada,* 26(2), 2008.

[15] Jan Herrington, Ron Oliver e Thomas C Reeves. Patterns of engagement in authentic online learning environments (Padrões de participação em ambientes autênticos de aprendizagem em linha). *Australasian Journal of Educational Technology,* 19(1), 2003.

[16] Young Ju Joo, Kyu Yon Lim e Su Mi Kim. A model for predicting learning flow and achievement in corporate e-learning. *Journal of Educational Technology & Society,* 15(1):313-325, 2012.

[17] learningsciences.utexas.edu. Questões de Escolha Múltipla. `https://learningsciences.utexas.edu/teaching/assess-learning/question-types/multiple-choice`, 2016. Acedido em 13-janeiro-2016.

[18] Geoffrey Lee. A prática do e-learning: Um quadro para a implementação da aprendizagem em linha. Conferência ANZMAC, 2009.

[19] Ellen Lesage, Martin Valcke e Elien Sabbe. Métodos de pontuação para a avaliação de escolha múltipla no ensino superior - continua a ser uma questão de pontuação do número certo ou de marcação negativa? *Estudos em Avaliação Educacional,* 39(3):188-193, 2013.

[20] Joseph Luca et al. Abordagens alternativas à avaliação com tecnologias em linha: Processo integrado e resultados do produto. 2006.

[21] Moodle. Tipo de pergunta de escolha múltipla. `https://docs.moodle.org/dev/Multiple'Choice'question'type#Database`, 2011. Acedido em 24-fevereiro-2016.

[22] P Nagarajan e JG Wiselin. Sistema educativo em linha (e-learning). *International Journal of u-and e-Service, Science and Technology,* 3(4):37-48, 2010.

[23] Kathleen Scalise e Bernard Gifford. Avaliação por computador em e-learning: Um quadro para a construção de perguntas e tarefas de "restrição intermédia" para plataformas tecnológicas. *The Journal of Technology, Learning and Assessment,* 4(6), 2006.

[24] Shubhadeep Shreya e Diptarka. Conceção de um sistema de e-learning utilizando uma arquitetura orientada para os serviços (soa). Relatório técnico, Heritage Institute of Technology Kolkata University, Computer Science and Engineering, 2011.

[25] umass. Uma visão geral dos questionários no Moodle. `https://www.umass.edu/it/support/moodle/overview-quizzes-moodle`, 2016. Acedido em 10-novembro-2016.

[26] Stephen A Zahorian, Vishnu K Lakdawala, Oscar R Gonzalez, Scott Starsman e James F Leathrum Jr. Modelo de perguntas para sistemas de perguntas inteligentes no ensino de engenharia. Em *Frontiers in Education Conference, 2001. 31ª Anual,* volume 1, páginas T2B-7. IEEE, 2001.

MIX
Papier aus verantwortungsvollen Quellen
Paper from responsible sources
FSC® C105338

Printed by Books on Demand GmbH, Norderstedt / Germany